Über Wilhelm Reichs Oranur-Experiment (I)

Lesebegleitungen

ZU DEN SPÄTEN SCHRIFTEN WILHELM REICHS

Bernhard Harrer / Christian Rudolph

ÜBER WILHELM REICHS »ORANUR-EXPERIMENT. ERSTER BERICHT«

Eine Lesebegleitung

Zweitausendeins

Lesebegleitungen
zu den späten Schriften Wilhelm Reichs,
herausgegeben von Martin Weinmann

Originalausgabe
1. Auflage Februar 1997

Lektorat: M. Weinmann (Büro W), Wiesbaden.
Herstellung: Eberhard Delius, Berlin.
Satz: Theuberger, Berlin.
Druck: Wagner GmbH, Nördlingen.
Einband: G. Lachenmaier, Reutlingen.

Dieses Buch gibt es nur bei Zweitausendeins im Versand (Postfach, D-60381 Frankfurt am Main) oder in den Zweitausendeins-Läden in Berlin, Düsseldorf, Essen, Frankfurt, Freiburg, Hamburg, Köln, München, Nürnberg, Saarbrücken, Stuttgart.

In der Schweiz über buch 2000
Postfach 89, CH-8910 Affoltern a. A.

ISBN 3-86150-161-9

Inhalt

Die LESEBEGLEITUNGEN ZU DEN SPÄTEN SCHRIFTEN WILHELM REICHS enthalten bibliographische Hinweise, philologische Kommentare und Exkurse zu Einzelfragen. Der Anspruch dieser Kommentare ist ein bescheidener: Sie wollen keinen Leitfaden vorschlagen und erproben, der den jeweiligen Text als homogenes Ganzes erschließen würde, sondern Materialien für eine Lektüre bereitstellen, die sich der Buchstäblichkeit der Texte anvertrauen will.

Es gibt gute Gründe, auf eine vorschnelle Beantwortung der Fragen zu verzichten, wie Wilhelm Reich zu lesen oder die Orgonomie als theoretischer Ansatz zu bewerten sei. Die Orgonomie ist vom Mainstream der Naturwissenschaften ein halbes Jahrhundert lang so gut wie nicht rezipiert worden und hat in ihm keine merklichen Spuren hinterlassen. Obwohl sich Reich in seinen Schriften mit großer Entschiedenheit auf die naturwissenschaftliche Forschung seiner Zeit bezieht, sind Anschlüsse an die Fragestellungen und Begriffe der heutigen Physik, Biologie, Chemie oder Medizin insofern nicht allein aus systematischen, sondern auch aus historischen Gründen in vielen Fällen nur schwer und im geduldigen Nachvollzug herzustellen.

Hinzu kommt, daß die Auseinandersetzung mit den Positionen Reichs seit jeher in besonderer Weise Gefahr läuft, in einen folgen- und fruchtlosen Kreislauf zu geraten: Während Reich auf der einen Seite vehement abgelehnt, mit inquisitorischer Wut und Hartnäckigkeit verfolgt oder als Irrer denunziert und beiseite geschoben worden ist, war es nur zu natürlich, daß dieser Druck auf der anderen Seite bei Reichs Anhängern noch Jahrzehnte nach seinem Tod dazu geführt hat, daß man die Reihen um so energischer geschlossen halten wollte und ansonsten die Orgonomie gegen jegliche Kritik zu immunisieren suchte, indem man deren Hypothesen möglichst auf eine Weise präsentierte und formulierte, die sie davor bewahrt hat, möglicher Falsifikation ausgesetzt zu werden.

Das theoretische Gebäude Reichs gegen Kritik immunisieren zu wollen, würde nur das Geschäft jener Gedankenpolizei in anderer Form fortsetzen, deren Opfer die Orgonomie über Jahrzehnte gewesen ist. Die Lesebegleitungen möchten deshalb zu einer »starken«, einer kritischen Lektüre ermutigen, die nur zwei Bedingungen, sonst aber keinerlei Einschränkungen unterliegen soll: Erstens soll eine Kritik *immanent* in dem Sinne sein, daß sie zwar Schlußfolgerungen hinterfragt und Befunde überprüft, dabei aber stets von Reichs Fragestellungen ausgeht. Zweitens soll eine Kritik in dem Sinne vom *jeweils vorliegenden* Text ausgehen, daß sie kein fertiges Theoriegebäude »der« Orgonomie voraussetzt, sondern die unterschiedlichen Stadien im Forschungsweg Reichs anerkennt und Verschiebungen in seinen Fragestellungen und Forschungsinteressen registriert und herausarbeitet. – Reich selbst ist vor einer Revision seiner Positionen nie zurückgeschreckt, auch wenn sie noch so grundlegend waren. Daß die Wissenschaft von der Lebensenergie kein totes, abgeschlossenes und erstarrtes theoretisches System sein kann, wird vielleicht nirgendwo deutlicher als an den teilweise erst jetzt publizierten späten Schriften: Eine summarische Lektüre, die die Brüche und das Zögern in diesen zwischen Hoffnung und Verzweiflung oszillierenden Texten nicht wahrnehmen und herausspüren will, wird ihnen nicht gerecht.

Der Herausgeber

Über das Oranur-Experiment

Wesentliche physikalische Konzepte gerieten ins Wanken. Nur der offene, freie, wahrhaft wissenschaftliche Geist wird in der Lage sein, diesem Bericht ohne Vorurteil oder Furcht zu folgen.

Wilhelm Reich[1]

Was eine Erkenntnis einschränkt, ist häufig wichtiger für den Fortschritt des Denkens als das, was die Erkenntnis in unbestimmter Weise erweitert.

Gaston Bachelard[2]

Sein Verstand erfaßte unglaublich schnell neue Tatsachen und Ideen; war ihm einmal etwas klar geworden, erwartete er von allen anderen, daß sie es ebenfalls verstünden. ... In vielen seiner Veröffentlichungen, besonders in den späteren, setzt er bei dem Leser ein Verständnis von Tatsachen und Theorien voraus, die ihm selbstverständlich waren. Er scheint vieles zu überspringen und Lücken zu lassen, so daß meines Erachtens das Material schwieriger und unzusammenhängender scheint, als es in der Tat ist.

Ilse Ollendorff-Reich[3]

Der Abwurf der Atombombe 1945 ließ Reich zu der Einsicht gelangen, wie wichtig es für die Menschheit ist, Mittel zu finden, die gegen atomare Strahlung schützen. Dies wiederum führte ihn zu der Frage, ob die Konzentration von lebenfördernder kosmischer Orgonenergie dazu dienen könne, gefährliche, lebenbedrohende atomare Strahlung zu neutralisieren oder zumindest abzuschwächen. Die Auffassung, daß Orgonenergie die Lebensfunktionen stärkt, schien ihm intuitiv die Vermutung nahezulegen, sie könne atomarer Strahlung entgegenwirken oder sie neutralisieren. Der Entschluß, das experimentell prüfen zu wollen, reifte, und 1951 führte er schließlich »Oranur« durch, sein ehrgeizigstes und gefährlichstes Experiment, bei dem er nukleares Material konzentrierter Orgonenergie aussetzte.

Edward W. Mann / Edward Hoffmann[4]

Das Oranur-Experiment fand ungefähr vom 5. bis 11. Januar statt. ... Das Experiment bestand darin, zwei Radium-Nadeln – insgesamt hatten wir drei – von je 1 mg mit dem hohen Energiefeld des Orgonraumes zusammenzubringen. Das Radium befand sich in mehrere Rollen Stahlwolle eingewickelt in einem kleinen Orgonakkumulator, dieser stand in einem größeren, und der stand in dem Orgonraum. Wir haben das Radium ohne die Bleiabschirmung an einem Faden getragen und in den Akkumulator gelegt. ...

Was dann passierte, war nicht gut. ... Reich rief plötzlich: »Ich kriege jetzt ganz hohe Zählraten, ihr müßt heraus aus dem Labor, nehmt euren Mantel und laßt alles wie es ist.« ... Er hat mir noch gezeigt – daran erinnere ich mich noch ganz genau –, daß es an der Laborwand heiß war, das ganze Labor war heiß von der Strahlung. Er hat das Radium herausgenommen und herausgestellt. Ich erinnere mich, daß wir draußen standen, Dr. Tropp, mein Vater und ich. Wir haben in das Labor zurückgeschaut, und dieses Labor hatte fluoreszierendes Licht.

... Wir wußten nicht, was los war, wir haben nur ungeheuren Druck und eine ungeheure Hitze in unserem Körper gespürt. Reich hat gesagt: »Baden, geht alle an die frische Luft und baden.« ... Wir hatten unglaubliche körperliche Reaktionen: uns wurde übel, wir haben gespien, wir hatten Durchfall, wir hatten Blutungen, wir waren schwach, wir fühlten uns gräßlich und konnten es nicht loswerden. Es war eine Strahlenkrankheit.

... Es wurde dann sehr chaotisch. Ilse [Ollendorff] und Peter [Reich] mußten aus dem Laboratorium ausziehen, weil man darin nicht mehr leben konnte, sie lebten in der Stadt. Das Labor wurde zugemacht. Wir gingen jeden Tag ein bißchen hinein, bis wir es nicht mehr aushalten konnten, und dann wieder heraus. Was wir damals übersehen haben – wir waren so von der Katastrophe überwältigt – ist, daß jeden Tag auf allem im Labor Staub lag. Das war wirklicher Fall-out, etwas Grauweißes bildete sich in dem Raum und fiel auf alles. Wir haben versäumt, das chemisch zu untersuchen, das hätten wir natürlich tun sollen. Es gibt Berichte von Three Mile Island und anderen Orten, daß bei Strahlung so etwas wie weißer Schnee fällt. Ich wußte damals nicht genug darüber, aber ich erinnere mich, daß dieser Staub jeden Tag fiel und ich ihn ganz eifrig abgewischt habe. Wir hätten ihn sammeln sollen – also, ich war blöde, ich habe überhaupt nicht mehr funktioniert.

Reich war sehr betroffen, denn seine gute Lebensenergie wurde böse. ... Wir haben alles mögliche probiert, es war eine wilde Zeit. Zum Beispiel: keine Fenster zumachen, es war eisig kalt, es waren minus 30 Grad dort in den Bergen im Januar. Wir liefen alle mit Mänteln drinnen herum, weil wir die Fenster offen ließen. Wir haben mehrmals täglich gebadet, und nach jedem Bad war das Badewasser schwarz. Wir waren nicht dreckig, sondern es war die schlechte Energie DOR, die ins Wasser ging. Das ist eines der beeindruckendsten Phänomene, dieses schwarze Badewasser, das kann ich nicht vergessen.

Dann sind auch draußen in der Atmosphäre Sachen passiert. ... Die Wolken wurden schwarz, alles war grau und auch violett, also ganz andere Farben als sonst. Es gab große Temperaturschwankungen. Es lag hoher Schnee im Winter, dann wurde es ganz warm, es fiel warmer Regen und alles ist geschmolzen, dann über Nacht wurde es wieder eiskalt und alles ist eingefroren. ... Es waren allerdings zur selben Zeit noch einige andere Sachen geschehen, zum Beispiel haben die Amerikaner zu der Zeit zum ersten Mal Nevada als Testgebiet [für Atombombenversuche] benutzt. Ich glaube, wir brauchen noch mehr Informationen darüber, was zu der Zeit noch geschehen ist und bisher von den Atombehörden geheimgehalten wurde. …

Noch mehr ist während dieses schrecklichen Jahres passiert. Erstmal sind wir alle weggegangen, wir fühlten uns so schrecklich, und es war alles so chaotisch, daß einer nach dem anderen das Team verließ. Sharaf ging, Lois [Wyvell] blieb, ich war krank, mein Herz blieb fast stehen, und ich habe während dieser Zeit wahnsinnig an Gewicht zugenommen. …

Was noch? … Man konnte den Granit, eine der härtesten Substanzen, ankratzen, und er war wie Puder. Er hatte braune Stellen, tiefe und schwarze Löcher, das ganze verrottete an der Oberfläche. Im Labor wurden die Instrumente rostig. …

Auch heute noch, 36 Jahre nach dem Experiment, ist die Atmosphäre in dem Studentenlabor noch sehr drückend. Man kann sich kaum länger als eine Stunde darin aufhalten. Als Reich starb, 1957, habe ich eine Putzfrau mit nach Orgonon genommen und ihr nichts gesagt. Sie wurde fast verrückt, sie sagte: »Ich weiß nicht, was hier los ist, ich kann nur ein bißchen arbeiten, dann muß ich raus.«

Eva Reich[5]

Reich … wurde sehr vorsichtig. … Ich habe den Eindruck, daß er sich seines Herzzustandes bewußter war, als er zugeben wollte, und es war wahrscheinlich vernünftig, daß er sich nicht überanstrengen wollte. Seine körperliche Reaktion auf das *Oranur*-Experiment kam später als die der meisten anderen, im Oktober dieses Jahres, und sie war sowohl auf den Einfluß der verseuchten Atmosphäre als auch auf den emotionalen Kummer über das Resultat dieses Experiments zurückzuführen. Er erlitt einen schweren Herzanfall und mußte sechs Wochen im Bett bleiben.

Er sagte damals, daß jeder Herzanfall in Wirklichkeit ein gebrochenes Herz ist. Und es besteht kein Zweifel, daß die Enttäuschung über den Ausgang des Oranur-Experiments zu seinem gebrochenen Herzen beitrug.

Ilse Ollendorff-Reich[6]

Zur Editionslage

Das *Oranur-Experiment. Erster Bericht* erscheint in der Ausgabe der *Späten Schriften* Wilhelm Reichs bei Zweitausendeins erstmals vollständig in deutscher Sprache. Die englische Originalfassung hat Wilhelm Reich noch selbst publiziert; sie erschien Oktober 1951 im dritten Jahrgang des *Orgone Energy Bulletin* als Heft 4, das seinerzeit auch als Sonderdruck vertrieben wurde.

Ilse Ollendorff zufolge, Reichs damaliger Frau und Sekretärin, hat er den Text in den Sommermonaten 1951 geschrieben.[7] M. Sharaf meint, daß die Kapitel 2 bis 4 bereits früher verfaßt wurden.[8]

Der Bericht über das Oranur-Experiment gehört zu jenen Publikationen Reichs, die auf Betreiben der US-amerikanischen Behörde für Medikamenten- und Lebensmittelsicherheit, der Food and Drug Administration (FDA), verboten und unterdrückt wurden, angeblich deshalb, weil sie Werbeschriften für ein »irreführend« als solches bezeichnetes Heilverfahren – die Anwendung des Orgonakkumulators – seien.[9] Zahlreiche Schriften von Wilhelm Reich und anderen wurden mit dieser Begründung Mitte der fünfziger Jahre auf Grundlage einer von der FDA erwirkten Gerichtsverfügung unter behördlicher Aufsicht verbrannt. Bei insgesamt vier Verbrennungsaktionen – die letzte erfolgte im Jahr 1960 – wurden Publikationen aus dem Umkreis orgonomischer Forschung verbrannt, darunter auch mindestens 874 Exemplare des *Oranur-Experiments.*

1973 erschien unter dem Titel *Selected Writings* in den USA ein Sammelband mit naturwissenschaftlichen Schriften Reichs, der unter anderem auch die Kapitel 5 und 6 des ersten Berichts über das Oranur-Experiment enthielt. Das gerichtliche Verbot der Schriften Reichs wurde in den USA zwar nie förmlich aufgehoben, gleichwohl blieb das Buch diesmal unverbrannt. Eine deutsche Ausgabe der *Selected Writings* erschien 1976 bei Kiepenheuer & Witsch,[10] ist jedoch seit vielen Jahren vergriffen.

Nach der Erstpublikation im Jahr 1951 ist der Text als ganzer weder in englischer oder deutscher noch, meines Wissens, in irgendeiner anderen Sprache als Buchhandelsausgabe erschienen. In öffentlichen Bibliotheken war die Schrift in Deutschland lange Zeit überhaupt nicht und ab 1976 nur als Mikrofilm zugänglich.

Probleme der Übersetzung

Die Erstlektüre der in den *Ausgewählten Schriften* enthaltenen Kapitel des Oranur-Experiments war ein hartes Brot für mich, obwohl ich weder Reich-Neuling war noch mit Physik auf Kriegsfuß stehe. Einer Anmerkung des Verlages zufolge war jene Übersetzung »von einem Laien auf dem Gebiet der Orgonomie angefertigt und später mehrfach von weiteren Personen überarbeitet« worden. Darauf sei »die Schwerfälligkeit mehrerer übersetzter Stellen zurückzuführen«.[11] Die Schwierigkeiten beim Studium des englischen Originaltextes erwiesen sich jedoch kaum als geringer.

Dies mag seinen Grund zum einen darin haben, daß Englisch nicht Reichs Muttersprache gewesen ist. Es ist eine ungewöhnliche und vielleicht auch eine etwas undankbare Aufgabe, die Schriften eines Autors in dessen Muttersprache zurück übertragen zu müssen.

Reich hatte vor dem Ersten Weltkrieg ein humanistisches Gymnasium in Czernowitz besucht, der Hauptstadt der Bukowina, die damals zu Österreich-Ungarn gehörte. Dort lernte er acht Jahre lang Latein und Griechisch.[12] Ob an dieser Schule auch Englisch unterrichtet wurde, wissen wir nicht. Jedenfalls aber dürfte Kontakt mit der englischen Sprache in dem Maß, wie es uns heute selbstverständlich ist, in Reichs Leben bis zu seiner Emigration nach Amerika 1939 kaum bestanden haben. Anders als heute war bis zum Zweiten Weltkrieg Deutsch und nicht Englisch die erste Wissenschaftssprache. Dies galt sowohl für Fachzeitschriften als auch für Tagungen oder Kongresse wissenschaftlicher Vereinigungen. Insbesondere traf dies für die im deutschen Sprachraum entstandene Psychoanalyse zu, in deren Rahmen sich Reich bis 1934 bewegte.

Ähnlich dürfte es sich während seiner Exilzeit in Skandinavien verhalten haben. Die meisten gebildeten Norweger sprachen fließend und – bis zur Besetzung 1940 – gerne Deutsch. Reich hatte in seinem Institut hauptsächlich politische Flüchtlinge aus Deutschland eingestellt, Deutsch war auch die offizielle Sprache des Instituts und der Institutspublikationen.[13]

Auch nach seiner Übersiedlung in die USA 1939 blieb Reich vorerst beim Deutschen; die Übersetzung seiner Schriften ins Englische besorgte zumeist Theodore Wolfe. Erst Ende der vierziger Jahre, nach etwa zehn Jahre also, ging Reich dazu über, selbst englisch zu schreiben.[14] Über seine Ausdrucksfähigkeit im Englischen habe ich nur zwei Einschätzungen finden können. Jerome Greenfield, der Reich durchaus wohlgesonnen ist, erwähnt in seiner Studie über die gegen Reich gerichteten Machenschaften einen Aufsatz Reichs, der »seiner ungenügenden Beherrschung des Englischen und mangelnder Schreibmaschinenkenntnisse wegen voller Fehler« gewesen sei.[15] Andererseits berichtet Myron Sharaf – ehemaliger Schüler und Mitarbeiter Reichs und Verfasser einer vor einigen Jahren erschienenen umfassenden Reich-Biographie –, sein Englisch sei »pretty good« gewesen.[16]

Reichs unkonventionelles Denken und seine zahlreichen und

eigenwilligen Begriffsneubildungen haben das Übersetzen stellenweise erschwert. Auf die früheren, von Reich noch in deutscher Sprache verfaßten Texte zurückzugreifen war natürlich ratsam, half aber bei den neuen Begriffsprägungen nicht weiter, von denen es gerade in den späten Schriften so viele gibt. Es sind freilich nicht allein Probleme der Fremdsprache, die das Verständnis dieses Werkes erschweren. Physikalische Sachverhalte und Theorien spielen eine große Rolle, ein Wissensgebiet, auf dem sich Reich Kenntnisse erst erwerben mußte. Darauf werden wir in einigen Anmerkungen und Exkursen zurückkommen. Seine Ausführungen sind aus diesem Grund gelegentlich irreführend und zuweilen für physikalische Laien möglicherweise schwerer verständlich, als das von der Sache her notwendig wäre.

Bei der Darlegung physikalischer Sachverhalte eine möglichst einfache Ausdrucksweise zu finden war mir beim Übersetzen deshalb wichtig. An anderen Stellen habe ich mich aber aus zwei Gründen oft fast sklavisch eng an das Original gehalten. Zum einen geht es ja nicht allein um die Verständlichkeit. Eine Übersetzung soll authentisch sein, sie darf weder die Eigenwilligkeiten und Eigenheiten eines Textes einebnen, noch darf sie Fehler oder Irrtümer eines Autors einfach unter den Teppich kehren. Stil und Ausdrucksweise des vorliegenden Textes spiegeln zudem die starke Belastung und die angespannte gesellschaftliche Atmosphäre, unter der sein Verfasser während und nach dem Oranur-Experiment stand; auch das sollte nicht wegretuschiert werden.

Zum anderen war in manchen Fällen gar nicht entscheidbar, ob ein offensichtlicher und stillschweigend zu korrigierender Irrtum vorlag oder nicht: In Reichs Spätwerk stößt man nämlich gelegentlich auf derart befremdlich klingende Aussagen und Behauptungen, daß man intuitiv dazu neigt, ein Mißverständnis, einen Irrtum, Flüchtigkeitsfehler oder eine falsche Formulierung zu vermuten. Hier ist aber Vorsicht angebracht. Nicht selten ergibt sich bei weiterer Lektüre aus dem Zusammenhang, daß Reich seine Ausdrucksweise mit Bedacht gewählt hat und jene seltsam anmutende Lesart offenbar genau auf das zielt, was er im Auge hatte. Aus all diesen Gründen haben wir in Zweifelsfällen in der vorliegenden Lesebegleitung als Ergänzung zur Übersetzung die betreffenden Passagen des englischen Originalwortlauts dokumentiert, insbesondere dort, wo es sich um ungewöhnliche Thesen und zentrale Punkte der Argumentation handelt.

Bei uns ungebräuchliche amerikanische Maßeinheiten (Fuß, Meile, Acre, Grad Fahrenheit) wurden in der Übersetzung weitgehend ins metrische System übertragen. Historische Einheiten wie die der Ionendosis (das Röntgen, r), der Radioaktivität (das Curie, Ci) und des atmosphärischen Drucks (micron = µmHg) wurden hingegen belassen. Wo es für das Verständnis erforderlich schien, haben wir die Werte in den textbegleitenden Kommentaren in heute übliche Maßeinheiten umgerechnet oder erläutert.

Zu einigen Begriffen und ihrem Gebrauch bei Reich

Im Spätwerk sind die Begriffe »Funktion« und »funktionell« überall präsent. Schon im allgemeinen Sprachgebrauch haben diese Begriffe ein breites Bedeutungsspektrum. In der Mathematik und in der Physik wird der Begriff in einem strengen Sinn gebraucht und bezeichnet eine Zuordnung: Die Elemente einer Menge werden den Elementen einer anderen Menge zugeordnet. Man sagt beispielsweise: »Der Luftdruck ist eine Funktion der Temperatur« und bringt damit zum Ausdruck, daß in einem geschlossenen Raum stets und vorhersagbar der Luftdruck steigt oder fällt, wenn sich die Temperatur ändert.

In diesem strengen Sinne verwendet Reich den Begriff selten. »Funktion« ist bei ihm häufig ein Synonym für einen ablaufenden, physikalischen oder auch historischen Prozeß. »Funktion von« ist zuweilen lediglich Synonym für »eine Eigenschaft von«. Es kann aber auch in einem eher umgangssprachlichen Sinne

»Bedeutung« oder »Rolle« meinen. Gelegentlich scheint es, als habe Reich dieses Wort gerade wegen seines Doppelsinns als (stofflicher) »Prozeß« und als »Bedeutung« oder »Rolle« gewählt: In seinem Buch zur *Funktion des Orgasmus* geht es sowohl um eine genaue Beschreibung und Erforschung des Orgasmus als Prozeß wie auch um die überragende Bedeutung desselben für die Krankheitsentstehung und seine sozialpsychologischen Implikationen.

Weiterhin benutzt Reich den Begriff auch, um bestimmte Prozesse gegenüber anderen Formen von Abläufen auszuzeichnen und abzugrenzen. So stellt er den mechanischen die orgonotischen Prozesse gegenüber. Erstere, führt er aus, seien »starr« und vorhersagbar; ihnen liege ein »mechanisches Potential von hoch nach niedrig« zugrunde, nach dessen Ausgleich sie zum Erliegen kommen. Orgonotische Prozesse hingegen seien »weich«, ihr Ablauf nicht exakt vorhersagbar; aufgrund des in ihnen zur Wirkung kommenden »umgekehrten Potentials« (siehe dazu Seite 47 f.) können solche Prozesse Spontanaktivität und Pulsieren zeigen. Abläufe dieser Art nennt Reich in seinem Spätwerk häufig auch »funktionelle Prozesse«. Auf diese Wortbedeutung bezieht sich auch die Bezeichnung »Funktionalismus«, mit der er seine Denkrichtung charakterisiert.[17] Manchen Formulierungen (Seite 62 f., 80) ist zu entnehmen, daß Reich mit einer »mechanischen« Beziehung offenbar das meint, was in der Mathematik eine monotone Funktion genannt wird: Bei Ansteigen der unabhängigen Variablen nimmt die abhängige Variable ebenfalls zu. Der im zitierten Beispiel »funktionell« genannte Zusammenhang zwischen Spannung und Impulsrate besteht darin, daß bei weiterem Spannungsanstieg die Impulsrate wieder absinkt (die Mathematiker würden also von einer »nichtmonotonen« Funktion reden) und daß die Schwellenspannung nicht jedesmal denselben Wert annimmt, sondern in gewissem Ausmaß schwankt. (Nebenbei bemerkt: Ein solches Verhalten erkennt durchaus auch die traditionelle, von Reich als »mechanistisch« kritisierte Wissenschaft in zahlreichen Naturphänomenen.) Den Begriff so mehrdeutig zu verwenden mündet dann in solche – scheinbar tautologischen – Sätze wie »It is a self-regulatory, self-charging, stepping-up function in orgonotic functions.« (Seite 80, 1. Absatz).

Im vorliegenden Werk kommt Reich wiederholt auf »Blutbilder« und »Blutkulturen« zu sprechen. Hier muß angemerkt werden, daß es sich dabei keineswegs um die bekannten, in der Medizin üblichen Untersuchungsverfahren handelt. Im medizinischen Sprachgebrauch ist das Blutbild eine Mengenangabe darüber, wieviel Blutplättchen (Thrombozyten), wieviel rote (Erythrozyten) und wieviel weiße Blutkörperchen (Leukozyten) sich in einem Milliliter Blut befinden; außerdem gehören üblicherweise zu einem Blutbild einige statistische Größen. Angegeben wird das mittlere Volumen der roten Blutkörperchen, der mittlere Gehalt der roten Blutkörperchen an rotem Blutfarbstoff (Hämoglobin) und wie sich die verschiedenen Arten weißer Blutkörperchen – die Granulozyten, die Lymphozyten, die Monozyten usw. – prozentual zusammensetzen. Es handelt sich also im wesentlichen um eine quantitative Erfassung der Blutzusammensetzung sowie ein statistisches Profil der Blutzellen. Reich hingegen verstand unter einem Blutbild die qualitative Beurteilung frisch entnommenen Blutes unter dem Mikroskop. Er beobachtete dabei in den unmittelbar der Blutentnahme folgenden Minuten Veränderungen an den roten Blutkörperchen, die er als Ausdruck ihrer Beladung mit Orgonenergie interpretierte. Aus Intensität und zeitlichem Verlauf dieser Erscheinungen zog Reich Rückschlüsse über den Orgonenergiehaushalt des Organismus und eventuelle Erkrankungen.

Eine »Blutkultur« ist im herkömmlichen medizinischen Sprachgebrauch das Einbringen von Blut in besondere Nährlösungen, die Bakterienwachstum ermöglichen. Solche Untersuchungen werden beispielsweise bei fieberhaften Erkrankungen durchgeführt. Um die dem Fieber mutmaßlich zugrunde liegenden Bakterien identifizieren zu können, versucht man sie aus dem Blut anzuzüchten. Bei solchen Kulturen wird in jeder Hinsicht – Zusammensetzung der Nährlösung, Temperatur, Begasung – darauf geachtet, günstige Bedingungen für das Bakterienwachstum zu schaffen. Reich hingegen unterzog seine Blutkulturen der Autoklavierung – einem Erhitzungsverfahren, welches praktisch alle Bakterien abtötet –, um an den danach zu beobachtenden Veränderungen an den Blutzellen Rückschlüsse über deren Orgonenergiegehalt sowie den Orgonhaushalt des Gesamtorganismus zu ziehen. Die herkömmliche und die Reichsche Blutkultur sind somit Diagnoseverfahren, die auf zwei völlig verschiedene Aspekte zielen.[18]

Auch der Begriff »Krebs« hat bei Reich eine andere Bedeutung. In der Medizin versteht man üblicherweise unter Krebs eine Gewebeneubildung, die sich »bösartig« verhält. Der Begriff der Gewebeneubildung besagt, daß ein Wachstum einsetzt, welches im Unterschied etwa zum reparativen Knochenwachstum nach einem Bruch oder der Vermehrung von Fettzellen bei zu üppiger Ernährung in keinerlei Weise angemessen ist. Die Bösartigkeit der krebsartigen Gewebeneubildung besteht darin, daß das sich neu herausbildende Gewebe nicht an den üblichen Gewebe- und Organgrenzen haltmacht, sondern diese überschreitet, in Nachbargewebe eindringt und diese durchsetzt (infiltriert) oder auch zu Absiedelungen an weit entfernten Stellen im Organismus neigt, wo sich Tochtergeschwülste bilden (Metastasierung).

Für Reich hingegen deutet Krebs immer auf eine Störung des autonomen Lebensapparates hin (die er »Biopathie« nennt), wobei er unter dem autonomen Lebensapparat das vegetative Nervensystem und die darin sich bewegende Orgonenergie verstand. Bei einer Krebsbiopathie kommt es zu einer chronischen Schrumpfung im Lebensapparat, es wird weniger Orgonenergie umgesetzt; im Gefolge setzt an bestimmten Stellen des Organismus Gewebezerfall ein, und bösartiges Geschwulstgewebe bildet sich. Letzteres ist für Reich somit ein mögliches Endresultat einer vorgängigen Entwicklung. Reich zufolge können somit Menschen durchaus an einer krebsigen Schrumpfungsbiopathie leiden, auch wenn der Organismus noch überhaupt keine Geschwulst entwikkelt hat. Wenn er von Krebs, Krebspatienten oder Krebsmäusen spricht, macht Reich leider nicht immer deutlich, ob es sich um Krebsbiopathien (nach seiner Definition) ohne nachgewiesene bösartige Geschwulst handelt, oder ob eine Geschwulstbildung mit infiltrierendem Wachstum oder Metastasierung bereits eingesetzt hat. Für die Schulmedizin ist der mikroskopische Nachweis von infiltrierend wachsendem Geschwulstgewebe (an einer Gewebeprobe) die notwendige Voraussetzung dafür, daß überhaupt von Krebs gesprochen werden kann. Da es für Reich hingegen ohne weiteres eine Krebsbiopathie ohne Krebsgeschwulst geben kann, ist für seine Diagnosestellung ein feingeweblicher Befund gar nicht ausschlaggebend. Seine Diagnose stellte er anhand des oben erwähnten Verfahrens, Blutbild- und Blutkulturveränderungen zu analysieren, bei denen er für die Krebsbiopathie charakteristische Muster gefunden zu haben glaubte, sowie anhand von Merkmalen im emotionalen Ausdruck und im Charakter der Patienten. Es muß hier auf die Kapitel 5 bis 9 in seinem Buch *Der Krebs* verwiesen werden.

Schließlich besteht auch eine Reichsche Besonderheit in der Auffassung von Leukämie. Aus schulmedizinischer Sicht ist Leukämie eine Krebserkrankung: Es handelt sich um eine Gewebeneubildung, deren Wachstumscharakter die oben genannten Kriterien der Bösartigkeit erfüllt. Ein augenfälliger Unterschied besteht darin, daß Leukämie das Knochenmark und auch andere Gewebe in aller Regel diffus durchsetzt und nur ganz ausnahmsweise umschriebene Geschwülste bildet, wohingegen man im allgemeinen Sprachgebrauch mit Krebs eine Geschwulsterkrankung verbindet.

Die Unterscheidung von Krebs(geschwülsten) und Leukämien hat durchaus historische und praktische Berechtigung: Bösartige Geschwülste konnte man operativ entfernen und dadurch manchmal heilen; bei den von vornherein diffus wachsenden Leukämien gab es hierfür keinen Ansatzpunkt; Leukämien waren bis zur Entdeckung der Zytostatika-Therapie unheilbar.[19] Ungeachtet dieser Besonderheiten in der Behandlung ist der bösartige Charakter beider Erkrankungen derselbe; dies war zu Reichs Zeiten bereits bekannt und hat sich durch die seither gewonnenen Erkenntnisse im wesentlichen bestätigt.

Reich hingegen, dem diese Auffassung der Leukämie als »Blutkrebs« seitens der Schulmedizin durchaus bekannt war, wertete die Vermehrung der weißen Blutkörperchen (Leukozyten) bei Leukämie nicht als eine bösartige Entartung dieser selbst, sondern als Reaktion auf eine Erkrankung der roten Blutkörperchen. Seine Ausführungen hierzu bezeichnet er selbst als vorläufig; sie beziehen sich auf Beobachtungen an lediglich einer Patientin, bei der die Diagnose einer Leukämie nicht nach schulmedizinischen Kriterien gestellt worden war. Reich hatte vielmehr aufgrund des emotionalen Ausdrucks der Patientin und aufgrund ihrer Blutbefunde die Überzeugung gewonnen, daß diese Patientin ganz sicher eine Leukämie entwickelt hätte, wenn seine Orgontherapie nicht erfolgreich gewesen wäre; er klassifizierte den Fall als »schleichende Leukämie«. Reichs Diagnosekriterien sind – auch immanent betrachtet – für mich nur schwer nachzuvollziehen, da sie gleichzeitig eine Überladung der roten Blutkörperchen mit Orgonenergie *und* eine extreme Schwäche derselben postulieren.[20] Wiederum ist zu berücksichtigen, daß Reich, wenn er im vorliegenden Werk von »Leukämiemäusen« spricht, nicht notwendigerweise Mäuse meinte, die nach schulmedizinischen Kriterien von einer Leukämieerkrankung befallen waren. Möglich ist ebenso, daß er Mäuse meinte, deren Blut in den Reichschen Bluttests ähnliche Erscheinungen zeigte wie jene, die er bei der oben erwähnten Patientin beobachtet hatte, der er die Diagnose einer »schleichenden Leukämie« gestellt hatte.

[C. R.]

Andere Schriften Reichs zum Forschungskomplex

Verzeichnet sind hier auch Schriften, die Reich erst *nach* der Abfassung seines Berichts über das Oranur-Eperiment geschrieben hat. Sofern *Übersetzungen* vorliegen, sind diese ausgewiesen.

Fast alle hier aufgeführten Publikationen wurden Mitte der fünfziger Jahre in den USA verboten; Lagerbestände wurden auf gerichtliche Anordnung hin vernichtet. Originalausgaben dieser Schriften sind deshalb sehr selten. Die meisten der hier verzeichneten Aufsätze und Bücher sind seit Mitte der siebziger Jahre auf Mikrofilmen in der *Bayerischen Staatsbibliothek* verfügbar (auch im Rahmen der Fernausleihe; Katalog-Nr. R.359): Bayerische Staatsbibliothek, Ludwigstraße 16, 80328 München. – Darüber hinaus bietet der *Wilhelm Reich Museum Bookstore* seit einigen Jahren eine »Bound Xerox Edition« sämtlicher seit Anfang der vierziger Jahre von Reich herausgegebenen Journale (IJSO, OEB, Annals of the Orgone Institute, CORE) zum Preis von 575 Dollar an; die Mikrofilmausgabe ist für 100 Dollar erhältlich. Kataloganforderung und Bestellung an: The Wilhelm Reich Museum Bookstore, Orgonon, Box 687, Rangeley, Maine 04970, U.S.A. Die Zeitschrift *Orgonomic Medicine* allerdings ist weder auf den genannten Mikrofilmen noch als »Bound Xerox Edition« und damit derzeit praktisch gar nicht erhältlich.

Experimentelle Ergebnisse über die elektrische Funktion von Sexualität und Angst, KeB 4: 3-41, I-XI, 1937
Wiederveröffentlichung (nahezu unverändert) in: *Die bio-elektrische Untersuchung von Sexualität und Angst*, Nexus-Verlag, Frankfurt 1984, S. 75-163

Die Bione. Zur Entstehung des vegetativen Lebens, in: KeB 6, 1938
Neuausgabe: *Die Bionexperimente*, Späte Schriften 1, Zweitausendeins, Frankfurt 1995

Bion Experiments on the Cancer Problem, in: KeB 7: 3-25, 1939

Drei Versuche am statischen Elektroskop, in: KeB 7: 26-27, 1939
Übersetzung ins Englische: *Three Experiments with Rubber at the Electroscope*, in: OEB 3: 144-145, 1951

The Discovery of the Orgone, vol. 1: The Function of the Orgasm, New York 1942

dt. (auf der Grundlage des in deutscher Sprache verfaßten Originalmanuskripts; Teilübers. von Karl H. Bönner): *Die Entdeckung des Orgons I. Die Funktion des Orgasmus. Sexualökonomische Grundprobleme der biologischen Energie*, Kiepenheuer & Witsch, Köln 1969, sowie Fischer Verlag, Frankfurt 1972

The Discovery of the Orgone, vol. 2: The Cancer Biopathy, New York 1948. – Große Teile dieses Buches waren bereits zuvor abschnittweise veröffentlicht worden als:

The Discovery of the Orgone – Experimental Investigations of Biological Energy, in: IJSO 1: 108-130, 1942

The Carcinomatous Shrinking Biopathy, in: IJSO 1: 131-155, 1942

The Natural Organization of Protozoa from Orgone Energy Vesicles, in: IJSO 1: 193-225, 1942

Experimental Orgone Therapy of the Cancer Biopathy (1937–1943), in: IJSO 2: 1-92, 1943

Thermical and Electroscopical Orgonometry (The Discovery of the Orgone, Part 2), in: IJSO 3: 1-16, 1944

Anorgonia in the Carcinomatous Shrinking Biopathy, in: IJSO 4: 1-33, 1945

Experimental Demonstration of the Physical Orgone Energy, in: IJSO 4: 133-146, 1945

dt. (auf der Grundlage des in deutscher Sprache verfaßten Originalmanuskripts): *Die Entdeckung des Orgons II. Der Krebs*. Kiepenheuer & Witsch, Köln 1974 ff., sowie Fischer-Verlag, Frankfurt

Orgonotic Pulsation. The Differentiation of the Orgone Energy from Electromagnetism, in: IJSO 3: 97-150, 1944

Leicht überarbeitete Fassung (Original deutsch) in: OF 3: 20-63, 4: 19-40, 5: 20-44, 1991-1994

The Schizophrenic Split, in: Character Analysis, 3rd enlarged edition, New York 1949 (enthält Beschreibung des Gebrauchs des

Orgonakkumulators in einem Fall von Psychose)
dt. in: *Charakteranalyse*, Kiepenheuer & Witsch, Köln 1970 ff., sowie Fischer-Verlag, Frankfurt

A Motor Force in Orgone Energy, in: OEB 1: 7-11, 1949

Orgonotic Light Functions: 1. Searchlight Phenomena in the Orgone Envelope of the Earth (1942–44), in: OEB 1: 3-6, 1949

Orgonotic Light Functions: 2. X-Ray Photograph of the Excited Orgone Energy Field of the Palms (1944), in: OEB 1: 49-51, 1949

Orgonotic Light Functions: 3. Further Physical Charakteristics of Vacor Lumination (1948), in: OEB 1: 97-99, 1949

Ether, God and Devil, in: Annals of the Orgone Institute No. II, Orgone Institute Press, Rangeley 1949
dt.: Kapitel 1 u. 4 (vermutlich auf Grundlage des deutschen Originalmanuskripts) in: *Ausgewählte Schriften. Eine Einführung in die Orgonomie*. Kiepenheuer & Witsch, Köln 1976, S. 26-34 und 290-328
dt. (teilweise Rückübersetzung der englischen Ausgabe von 1949): *Äther, Gott und Teufel*, Nexus-Verlag, Frankfurt 1983

Orgonomic Functionalism, Part II, On the Historical Development of Orgonomic Functionalism, in: OEB 2: 1-15, 49-62 und 99-123, 1950
Fortgesetzt mit einem Abschnitt: *Orgonomic Thinking in Medicine*, in: OEB 4: 1-12 und 186-196, 1952
Neu ins Englische übersetzte (Derik und Inge Jordan) und erweiterte Fassung als: *The Developmental History of Orgonomic Functionalism*, in: OF 1: 1-29, OF 2: 1-23, OF 3: 1-19 und OF 4: 1-18, 1990-1992. – Das deutsche Original dieser 1946-1948 entstandenen Schrift ist unveröffentlicht.

Orgonomic and Chemical Cancer Research. A Brief Comparsion, in: OEB 2: 139-142, 1950

On Scientific »Control«, in: OEB 2: 155, 1950

Orgonomic Equations: I. General Form, in: OEB 2: 161-183, 1950

Meteorological Functions in Orgone Charged Vacuum Tubes, in: OEB 2: 184-193, 1950

The Orgonomic Anti-Nuclear Radiation Project (Oranur), in: Orgone Energy Emergency Bulletin, Orgone Institute Press, Rangeley 1950

The Anti-Nuclear Radiation Effect in Cosmic Orgone Energy, in: OEB 3: 61-63, 1951

Orgonomic Equations: II. Complete Orgonomic Equations, in: OEB 3: 65-71, 1951

The Storm of November 25th and 26th, 1950, in: OEB 3: 72-75, 1951

The Leukemia Problem: Approach, in: OEB 3: 76-80, 1951

The Orgone Energy Accumulator. Its Scientific and Medical Use, Orgone Institute Press, Rangeley 1951

Wilhelm Reich on the Road to Biogenesis (1935-1939), in: OEB 3: 146-162, 1951

The Oranur Experiment – First Report (1947–51), in: OEB 3: 185-344, 1951

dt. (Kapitel 5 u. 6, übers. von Liselotte und Ernst Mickel) in: *Ausgewählte Schriften. Eine Einführung in die Orgonomie*, Kiepenheuer & Witsch, Köln 1976, S. 368-447

dt. (übers. von Christian Rudolph): *Das Oranur-Experiment. Erster Bericht (1947-1951)*, Späte Schriften 3, Zweitausendeins, Frankfurt 1997

Cosmic Superimposition, Orgone Institute Press, Rangeley 1951

dt. (Kapitel 3, übers. von Liselotte und Ernst Mickel; Kapitel 4, auf Grundlage des deutschen Manuskripts) in: *Ausgewählte Schriften. Eine Einführung in die Orgonomie*, Kiepenheuer & Witsch, Köln 1976, S. 329-365

dt. (übers. von Waltraud Götting und Barbara Steckhan, Kapitel 4 unter Verwendung des deutschen Originalmanuskripts): *Die kosmische Überlagerung*, Späte Schriften 5, Zweitausendeins, Frankfurt 1997

Orgonomic Diagnosis of Cancer Biopathy (mit Helen E. MacDonald und Chester M. Raphael), in: OEB 4: 66-125, 1952

The Blackening Rocks – Melanor, in: OEB 5: 28-59, 1953

Beschreibt weitere Folgen, die sich aus der Kombination von Kernstrahlung und Orgonenergie im Oranur-Experiment ergaben, insbesondere den Zerfall von Granitsteinen sowie Effekte auf Pflanzen und Menschen.

History of the Discovery of the Life Energy, Documentary Supplement No.2: The Red Thread of a Conspiracy, Rangeley 1954

Melanor, Orite, Brownite and Orene, in: CORE 7: 29-39, 1955

Enthält chemische Analysen von im Gefolge des Oranur-Experimentes beobachteten Veränderungen an Gesteinen sowie eine Deutung dieser Prozesse aus Sicht der Orgonomie.

The Emotional Plague of Mankind. Vol.1: The Murder of Christ, Orgone Institute Press, Rangeley 1953

dt. (übers. von Bernd A. Laska): *Christusmord*, Walter Verlag, Freiburg und Olten 1978 (vergriffen)

dt. (übers. von Waltraud Götting): *Christusmord. Die emotionale Pest des Menschen*, Späte Schriften 6, Zweitausendeins, Frankfurt 1997

OROP Desert, Part I: Space Ships, DOR and Drought, in: CORE 6: 1-140, 1954

dt. (übers. von Karl Heinz Siber): *OROP Wüste. Raumschiffe, DOR und Dürre*, Späte Schriften 2, Zweitausendeins, Frankfurt 1995

Reich stellt hier die aus dem Oranur-Experiment gewonnenen Erkenntnisse über die Wechselwirkung von Lebens-(Orgon-)Energie und Radioaktivität in größere Zusammenhänge. Er sieht eine Beziehung zwischen den Atombombenversuchen einerseits und einer damals zu beobachtenden Form von Pflanzen- und Waldsterben, Dürreperioden sowie einem ebenfalls damals neu aufgetretenen, weitverbreiteten Krankheitsbild, dem chronischen Müdigkeitssyndrom, andererseits. Mit Hilfe einer von ihm geschaffenen Apparatur zur Beeinflussung der Orgonenergie in der Atmosphäre versucht Reich, die Dürreperioden zu durchbrechen. Außerdem stellt er Hypothesen auf über die damals, Anfang der 50er Jahre, sich häufenden UFO-Berichte und ihre Beziehung zu den Atomexplosionen und zur Lebensenergie.

The Medical DOR Buster, in: CORE 7: 97-113, 1955

dt. (übers. von Liselotte und Ernst Mickel) in: *Ausgewählte*

Schriften. Eine Einführung in die Orgonomie, Kiepenheuer & Witsch, Köln 1976, S. 463-482

Reich stellt Verbindungen her zwischen der äußeren Verwüstung (Klimaveränderungen, Waldsterben, Wüstenbildung) und der inneren Verwüstung des Menschen (»emotionale Wüste«). Indem er bei beiden Prozessen Erstarrungsvorgänge der Orgonenergie annimmt, diskutiert er die Anwendung der in seinen Experimenten zur Wetterbeeinflussung benutzten Apparatur (»Cloudbuster«) zur Behandlung der emotionalen Erstarrung.

Re-Emergence of Freuds »Death Instinct« as DOR, in: OM 2: 2-21, 1956

Bestimmte klimatisch-biologische Erscheinungen im Gefolge des Oranur-Experimentes hatte Reich so gedeutet, daß die Orgonenergie in der Atmosphäre einen Zustand von Erstarrung annehmen kann, den er mit dem Akronym DOR (deadly orgone) bezeichnete. Rückblickend versuchte Reich nun die psychischen Prozesse, die Freud als Äußerung eines »Todestriebs« interpretiert hatte, als eine Form der erstarrten Orgonenergie im Organismus zu deuten.

Contact with Space – The ORANUR Experiment, Second Report 1951-56. Core Pilot Press, New York 1957

dt. (übers. von Christian Rudolph): *Das Oranur-Experiment. Zweiter Bericht (1951-1956),* Späte Schriften 4, Zweitausendeins, Frankfurt 1997

Letztes zu Reichs Lebzeiten (in seinem Todesjahr 1957) erschienenes Buch. Es handelt von weiteren Experimenten mit Radioaktivität und zur Wetterbeeinflussung (Regenerzeugung in der Wüste von Arizona), enthält weitere Beobachtungen des Waldsterbens anläßlich einer Reise durch die USA sowie Reichs eigene UFO-Beobachtungen, damit zusammenhängend Gedanken über die Schwerkraft sowie über Orgonenergie als das möglicherweise der Fortbewegung der UFOs zugrundeliegende Prinzip.

Stil und Aufbau des Buches sind gekennzeichnet von der Isolation und der Atmosphäre der Verfolgung, der Reich in den letzten Jahren seines Lebens ausgesetzt war. Bloß oberflächliche Lektüre mag die Vermutung nahelegen, Reich sei tatsächlich – wie behauptet wurde – gegen Ende seines Lebens verrückt (im Sinne einer paranoiden Psychose) geworden. Was er früher noch mit der wissenschaftlich gebotenen Vorsicht und als Vermutung formuliert hatte, wird hier nun oft apodiktisch behauptet. Nicht selten ist der Gedankengang sprunghaft. Mysteriöse Verfolger tauchen auf; geheimzuhaltende Zusammenhänge werden angedeutet. Trotz aller somit zu machender Abstriche bleibt jedoch ein Kern von Beobachtungen und Gedanken, die nicht einfach als Wahn oder Dogmatismus abzutun sind. – Abgesehen von den wissenschaftlichen Aspekten ist der Text bewegend als autobiografisches Fragment einer Forscherpersönlichkeit, die – angesichts ihrer Verkennung und Verleumdung sich ihres Scheiterns schon fast bewußt – an den positiven Implikationen ihrer Entdeckungen festhält.

Abkürzungen der zitierten Periodika

CORE *Cosmic Orgone Engineering*, hg. vom Orgone Institute, Nachfolgerin des OEB mit fortgesetzter Numerierung: Bände 6-7 erschienen 1954-1955. – **IJSO** *International Journal of Sex-Economy and Orgone-Research*, hg. von der Orgone Institute Press, New York. Bände 1-4 erschienen 1942-1945; überwiegend Artikel von Reich; schwer zugänglich, da die ZS der Vernichtungsaktion der US-Behörden in den 50er Jahren zum Opfer fiel. – **KeB** *Klinische und experimentelle Berichte aus dem Institut für sexualökonomische Lebensforschung*. Schriftenreihe, erschien unregelmäßig im Sexpol-Verlag, Oslo und Kopenhagen, 1937-1939. – **OEB** *Orgone Energy Bulletin*, hg. von der Orgone Institute Press, Rangeley (Maine). Vierteljahresschrift, Bände 1-5 erschienen 1949-1953; überwiegend Artikel von Reich; schwer zugänglich, da die ZS der Vernichtungsaktion der US-Behörden in den 50er Jahren zum Opfer fiel. – **OF** *Orgonomic Functionalism*. Seit 1990 unregelmäßig erscheinende Schriftreihe (bisher Bde. 1-5), in der ausschließlich Texte Reichs, z.T. auch bisher nie veröffentlichte, herausgegeben werden. Herausgeber ist Reichs Erbe, der »Wilhelm Reich Infant Trust Fund«. Bestellung über Wilhelm Reich Museum Bookstore. – **OM** *Orgonomic Medicine*, hg. von der American Association for Medical Orgonomy. Bände 1-2 erschienen 1955-1956 [C.R.]

Lesebegleitung

Anmerkungen und Exkurse

»Experiment XXX, 1« – Reich pflegte seine Experimente durchzunumerieren. Die römische Ziffer bezeichnet ein Experiment oder eine Experimentalserie, die thematisch oder vom Versuchsaufbau her eine Einheit bildet; arabische Ziffern bezeichnen geringfügige Varianten oder verschiedene Testdurchgänge. Experiment XXX, 1 bezeichnet die erste Serie des Oranur-Experiments. Seite 9 Zeile 2

Meistens hatten diese Bezeichnungen nur interne Bedeutung; auch das Oranur-Experiment wird weder bei Reich noch in der Sekundärliteratur nach seiner Ziffernbezeichnung zitiert. Das einzige unter seiner Nummer bekannt gewordene Experiment Reichs ist das auch in diesem Buch erwähnte Experiment XX: Reich hatte 1944/45 die Kulturflüssigkeit einiger seiner Bionkulturen filtriert und anschließend unter Druck auf 120 Grad Celsius erhitzt (autoklaviert). Diese Flüssigkeit fror er ein. Nach dem Auftauen fand er in der zuvor völlig klaren Flüssigkeit weißliche und bräunliche Flocken, die sich unter dem Mikroskop wiederum als bewegliche Bläschen, als »Bione« erwiesen. Reich deutete das Ergebnis so: Da durch das Filtern und Autoklavieren alles Leben aus der Flüssigkeit entfernt oder abgetötet worden war, mußte beim Einfrieren oder im gefrorenen Zustand die materiefreie Orgonenergie in der Lösung zu belebter organischer (»protoplasmatischer«) Materie kondensiert sein, die sich nach dem Auftauen mikroskopisch als Bione identifizieren ließ. Darin sah Reich einen Beweis für die Umwandlung von Orgonenergie in Materie und darüber hinaus für die Neuentstehung von Leben.[21] [C.R.]

Seite 9 Zeilen 4 f. »seine Ergebnisse« – basic tenets; *tenet* bezeichnet ursprünglich einen »Lehr- oder Glaubenssatz«, eine »Doktrin«, dann aber auch allgemeiner »Meinung« oder »Standpunkt«. [C.R.]

Seite 9 Zeilen 8 f. »unter friedlichen Umständen« – Gemeint ist die beginnende Blockkonfrontation und der Koreakrieg (1950-1953). [B.H.]

Seite 9 Zeile 13 »Orgonenergie (OR) auf nukleare Energie (NR) zwingend« – Bei der Abkürzung »OR« ist unklar, ob es sich um das Akronym für »orgone radiation« oder ein Kürzel für »Orgon« handelt. Für ersteres spricht, daß Reich das Orgon bei der Erforschung von Strahlungsphänomenen entdeckte, anfänglich häufig Orgon-»Strahlung« und erst nach und nach immer häufiger als Synonyme die Begriffe »Orgonenergie«, »kosmische Energie«, »Lebensenergie« oder schlicht »Orgon« gebrauchte; von »Strahlung« ist in diesem Zusammenhang später nur noch selten die Rede. Auf die Problematik der Verwendung des Begriffes Energie im Zusammenhang mit den von Reich beschriebenen Phänomenen wird an anderer Stelle noch eingegangen werden.[22]

Die Abkürzung »NR« beruht offenbar auf dem Begriff »nuclear radiation«, bei Reich meist synonym mit »nuclear energy«. Gelegentlich spricht er auch von »NR energy«, also Kernstrahlungsenergie.

Um die Übersetzung lesbarer zu machen, werden teilweise Kürzel aufgelöst und die im Zusammenhang sinngemäß korrekten Bezeichnungen gewählt. [C.R.]

Seite 10 Zeilen 2 f. »viele unsystematische, zufällige Beobachtungen« – Reich hatte in den dreißiger Jahren Kulturexperimente mit einfachen Lebensformen durchgeführt. Manche der von ihm mikroskopisch beobachteten Lebensformen konnten nicht als Bakterien, Pilze, Viren o.ä. klassifiziert werden, sondern schienen Wesen zu sein, die offenbar gerade erst die Grenze von der unbelebten Natur zu einfachsten Lebensformen hin überschritten hatten. Reich gab diesen den Namen »Bione«; seine ausführlichen Versuchsbeschreibungen und Ergebnisse (1938) sind in einer Neuausgabe unter dem Titel *Die Bionexperimente* (1995) dargelegt; eine Zusammenfassung findet sich auch in *Der Krebs*. Bei der mikroskopischen Beobachtung bestimmter Bione, der SAPA-Bione, bekam Reich regelmäßig eine Bindehautentzündung an dem Auge, mit dem er mikroskopierte. Er führte dies auf eine von diesen Bionen ausgehende Strahlung zurück, die er später Orgonstrahlung nannte und auf eine besondere, bisher nicht erforschte Energie, die Orgonenergie, zurückführte. Diese Strahlungsphänomene, die erstmals 1939 beobachtet wurden, werden in *Die Bione* noch nicht beschrieben, sondern erst in *Der Krebs* (Seiten 101-114). Ein aktueller Nachvollzug der SAPA-Bion-Experimente wird von Palm und Döring beschrieben.[23] [C.R.]

»einige Monate, bevor 1939 die erste Atomspaltung gelang« – Offenbar macht Reich diese Bemerkung, um seine Priorität bei der Entdeckung der Urenergie gegenüber der Atomphysik geltend zu machen, verwechselt dabei aber den Zeitpunkt der ersten Kernspaltung mit dem Zeitpunkt von deren Publikation. Die erste Veröffentlichung über eine experimentell verursachte Kernspaltung erfolgte in der Tat Anfang 1939; der dort beschriebene Versuch gelang Hahn und Straßmann jedoch bereits im November 1938. Seite 10 Zeilen 17 f.

Priorität können jedoch auch Hahn und Straßmann nicht beanspruchen, denn bereits 1934 hatte Fermi durch Neutronenbeschuß eine Spaltung von Urankernen herbeigeführt, konnte dieser Interpretation der Ergebnisse seines Experimentes freilich über Jahre hinweg nicht glauben. Die richtige Interpretation des Fermischen Experimentes war bereits 1934 der jungen Physikerin Noddack gelungen, die jedoch von älteren Kollegen, unter anderen Hahn, zurückgehalten wurde. Theoretisch hatte bereits 1933 Szilard das Konzept der Kernspaltung und der Energiefreisetzung durch eine nukleare Kettenreaktion entwickelt, patentieren lassen und die Patente dem britischen Militär zur Verfügung gestellt.[24] – Die Entdeckung der Orgonstrahlung datiert Reich selbst auf den Januar 1939.[25] [C.R.]

Seite 10 Zeile 26 f. »gutbemittelten amerikanischen Institutionen« – Genaugenommen war es der 30. Dezember 1940, an dem Reich seinen ersten Brief an Albert Einstein, Institute for Advanced Study, Princeton, New Jersey, schrieb und berichtete, er »habe vor mehreren Jahren eine spezifische biologisch wirksame Energie entdeckt«. Nachdem ihn Reich um ein persönliches Gespräch gebeten hatte,[26] traf sich Einstein mit Reich und begutachtete den Aufbau des T_o-T-Experiments, erklärte dann aber die »orgonotische Temperaturdifferenz« als Folge von herkömmlichen Wärmetransportphänomenen, die durch die Anordnung des Versuchsaufbaus entstehen.

Einstein hielt damit »die Sache für völlig aufgeklärt« und schrieb am 7. Februar 1941 an Reich: »Ich hoffe, daß dies Ihre Skepsis entwickeln wird, daß Sie sich nicht durch eine an sich verständliche Illusion trügen lassen.« [B.H.]

Seite 10 Zeilen 29 f. »wesentliche Veränderungen im Gesamtkonzept ihrer Grundlagen« – fundamental changes in the total aspect of its very foundations

Seite 11 Zeilen 2 f. »zwischen Or-Energie als *primordialer*, massefreier Energie« – Mit dem Begriff *primordial* wird zum Ausdruck gebracht, daß OR-Energie vor allen anderen Energieformen vorhanden gewesen ist und sich letztere aus OR-Energie entwickelt haben. Man könnte somit durchaus auch von »Urenergie« sprechen. Da Reich jedoch nicht nur den entwicklungsgeschichtlichen Vorrang der OR-Energie, sondern ganz offensichtlich auch ihre insgesamt überragende Bedeutung im Auge hatte, haben wir auf eine Eindeutschung verzichtet. In seinen in deutscher Sprache verfaßten Texten verwendet Reich im übrigen ebenfalls den Begriff »primordial«. [C.R.]

»OR-Energie kann nicht verstanden werden, wenn man auf dem Gebiet der Kernenergie gültige Gesetze auf das Gebiet primordialer kosmischer Funktionen anwendet.« – ... if the laws pertaining to NR energy are applied to the realm of primordial cosmic functioning. Seite 11 Zeilen 19 ff.

»Ich muß den Leser ... auf die Veröffentlichungen über ›Orgonomischen Funktionalismus‹ ... verweisen.« – Offensichtlich ist das mit diesem Untertitel versehene Buch *Äther, Gott und Teufel* sowie eine Fortsetzungsveröffentlichung »Orgonomic Functionalism, Part II« im OEB gemeint. Betreffs deren Fortsetzung 1952 sowie deren erweiterte Neuveröffentlichung 1990 ff. siehe oben »Zur Editionslage«. [C.R.] Seiten 11 f.

»... aber bisher kam keine systematische Zusammenfassung dieser Beobachtungen zustande.« – Ein Großteil Reichs eigener Beobachtungen referiert und interpretiert er in: *Der Krebs*, S. 101-127 und S. 160-165. Weitere Beobachtungen über »Orgonotic Light Functions« hat Reich im *Orgone Energy Bulletin* veröffentlicht; siehe oben »Zur Editionslage«. [C.R.] Seite 13 2. Zeile v.u.

Exkurs I
Die orgonotische Temperaturdifferenz: Das Phänomen

Reich hatte beobachtet, daß in einem Kasten oder in einem Raum mit Außenwänden aus organischem Stoff und Innenwänden aus Metall, die Temperatur T_0 im Rauminnern meistens höher ist als die Temperatur T in der Umgebung, wobei dieser Effekt ausgeprägter ist, wenn die Wände nicht aus zwei, sondern aus vier, sechs oder acht (usw.) derartig angeordneter Schichten bestehen. Bei seinen ursprünglichen Messungen[27] maß Reich Tagesmittelwerte der Temperaturdifferenz T_0–T von einem bis zwei Grad Celsius. Bei schlechtem Wetter konnte T_0–T jedoch auf Null zu- Seite 15 1. Absatz rückgehen oder sogar negative Werte annehmen. Als besonders bemerkenswert hob Reich hervor,[28] daß das Verschwinden der Temperaturdifferenz auch einige Stunden vor einem Wetterumschwung bei strahlendem Sonnenschein aufgetreten sei.

Den Gesetzen der Physik zufolge dürfte eine solche Temperaturdifferenz zwischen einem Raum und seiner Umgebung nicht spontan auftreten, sondern nur, wenn dem Innenraum in irgendeiner Form Energie zugeführt wird, z.B. wenn er geheizt wird. Eine Temperaturdifferenz, die ohne Energiezufuhr auftritt, liefe dem Zweiten Hauptsatz der Thermodynamik zuwider, dem zufolge in einem System die »Unordnung« (Entropie) nur zunehmen und nicht abnehmen kann, solange nicht Energie zugeführt wird. (Der Zustand überall gleicher Temperatur gilt in dieser Terminologie als Zustand von »Unordnung«; »Ordnung« tritt auf, wenn es eine bestimmte Verteilung gibt, also wenn Bereiche unterschiedlicher Temperaturen auftreten.)

Für Reich war der reproduzierbare Nachweis einer Temperaturdifferenz am Orgonakkumulator – so nannte er den oben beschriebenen Kasten – Grund, ein »umgekehrtes Potential« anzunehmen, dem nicht von vorneherein die Tendenz zum Potentialausgleich innewohnt. Anders als beispielsweise beim elektrischen Strom, der fließt, bis die Batterie erschöpft ist, oder bei einem physikalischen Körper höherer Temperatur, der so lange Wärme verliert, bis eine gleichmäßige Temperatur mit seiner Umgebung erreicht ist, wohnt dem »umgekehrten Potential«, sagt Reich, eine Tendenz zur Zunahme der Differenz inne. [C.R.]

Seite 15 3. Absatz »photographische Platten oder Filme, die … in einem Orgonakkumulator … aufbewahrt werden« – Den Versuch, Fotomaterial im Orgonakkumulator zu belichten (eigentlich »beorgonen«), zieht auch James DeMeo[29] als Beweis für die Existenz der Orgonenergie heran. Er scheint ihn selbst allerdings nicht nachvollzogen zu haben, da er lediglich Thelma Moss[30] zitiert, die das Abbild einer Zitronenscheibe auf einem Fotopapier veröffentlicht hat.

Dieses Experiment wurde 1991 von Bernhard Harrer und Sigrid Bärndal unter kontrollierten Bedingungen nachvollzogen: Verschiedene Materialien, Pflanzenteile, Metalle, Magneten, homöopathische Hochpotenzen wurden mit empfindlichstem Farbdiafilmmaterial in einzelne Schächtelchen gegeben und zusammen mit Leerkontrollen im stärksten Orgonakkumulator eines namhaften Berliner Orgonakkumulatorherstellers über mehrere Wochen gelagert. Anschließend wurde das Filmmaterial mit erhöhter Sensibilität entwickelt. Es konnten keine Spuren von Belichtung festgestellt werden; lediglich ein Filmstreifen, der mit einem blühenden, grünen Thuja-Zweig in einer feuchtedichten Metallschachtel gelagert war, zeigte grünliche Flecken, vorrangig da, wo er mit dem Zweig in direkter Berührung gewesen war. Dabei dürfte es sich allerdings nicht um Strahlungseffekte handeln, sondern um Feuchtigkeitseffekte und chemische Reaktionen, z. B. mit den ätherischen Ölen der Pflanze, denn beim Öffnen der Schachtel war der Film durchfeuchtet und aufgequollen. Dasselbe »Pseudoabbild« ergibt sich, wenn man wie Thelma Moss eine Zitronenscheibe *direkt* auf Filmmaterial legt. Bei einem Versuch von Bärndal/Harrer stellte sich heraus, daß bei einer solchen Versuchsanordnung (ohne Orgonakkumulator) schon nach einer halben Stunde im Dunkeln Abbilder sichtbar werden, die mit denen von Moss identisch sind. Ursache dieser Pseudofotos sind die aus der Zitrone in das Filmmaterial einsickernden Fruchtsäuren, die sich in der Fotoemulsion millimeterweit über den Rand der Zitrone hinaus ausbreiten und durch ihre chemische Reaktion mit den Fotochemikalien eine Abbildung mit »Aura«-Effekt hervorrufen.

Ein »undulierendes Muster«, wie Reich es beschreibt, könnte meines Erachtens nur entstehen, wenn dabei stehende Wellen dieser besonderen Wellenlänge oder Beugungsphänomene auftreten würden. Nachdem Reich keine derartigen stehenden hellen und dunklen Orte im Orgondunkelraum erwähnt, dürfte es sich wohl auch hierbei um Produktions-, Handhabungs- oder Entwicklungsartefakte handeln, zumal Reich den Versuch nicht mehrmals wiederholt zu haben scheint. Zumindest hat er keine solchen kontrollierten Versuchsreihen veröffentlicht. [B.H.]

Seite 16 Zeilen 7 f. Blau, »die natürliche Farbe der OR-Energie« – Herkömmlicherweise wird dieses Phänomen mit der sogenannten Rayleigh-Streuung erklärt: Demnach ist die Bläue des Himmels und das Rot der Dämmerung als Streuung des Sonnenlichts an den Luftmolekülen zu erklären.[31]

Es ist eine interessante Tatsache, daß mystische und übernatürliche Phänomene in der Kunst (z.B. Literatur, Film, Comic) überwiegend mit Blautönen dargestellt werden. [B.H.]

Seite 17 1. Absatz »Das Polarlicht ist eine zu komplexe Funktion, um an dieser Stelle behandelt zu werden.« – Reich behandelt das Polarlicht eingehend in *Die kosmische Überlagerung*, Kapitel 6-7.[32] [C.R.]

Seite 17 2. Absatz »das Verschwinden der Temperaturdifferenz« – Mit diesem Phänomen hat sich Reich mehrfach beschäftigt (siehe die Exkurse I, IV). Um den Zusammenhang zwischen Wetterveränderungen einerseits und dem Verhalten der Temperaturdifferenz T_0-T bzw. Elektroskopentladung andererseits zu untersuchen, nahm Reich Messungen während eines Sturms vor.[33] Das Verschwinden der Temperaturdifferenz am Orgonakkumulator vor einem Wetterumschlag, jedoch bei noch anhaltendem Sonnenschein[34], wurde auch von anderen Untersuchern beobachtet.[35] Es scheint sich um ein im Rahmen herkömmlicher Physik bislang unerklärtes Phänomen zu handeln. [C.R.]

Seite 21 1. Zeile »Metabolismus« – Stoffwechsel. Dies ist in der herkömmlichen Bedeutung ganz wörtlich zu verstehen: Lebewesen nehmen Nahrungsstoffe auf, wandeln sie in körpereigene Baustoffe um oder bauen sie (unter Energiefreisetzung) zu Abfallstoffen ab, die ausgeschieden werden. Da nach Reichs Auffassung jedoch Orgon kein Stoff ist, sondern ein nicht-materielles Substrat, zogen wir bei der Übersetzung das abstraktere Fremdwort dem deutschen »Stoffwechsel« vor. [C.R.]

»müssen wir jedoch ... zu abstrahieren beginnen« – we must break the deadlock in comprehending these functions and start abstracting Seite 21 5. Zeile v.u.

»Es ist ziemlich wahrscheinlich ... Ur-Energie sind.« – It appears most likely that the numerous »particles« which have been observed and photographed in atomic physics are merely frozen states of different kinds of one and the same basic, primordial cosmic energy. Seite 22 2. Absatz

»aufgrund der Unterdrückung freier Bewegung« – due to frustration of free movement. Seiten 22 f.

»indem man mit entspannten Augen ... Sonne gerichtet ist.« – By looking with relaxed eyes past one's telescope ON THE OUTSIDE of the tube, the latter directed toward the sun. Seite 24 6. Absatz

»Teilchen in der Luft« – Daß es sich dabei vermutlich um Effekte innerhalb des menschlichen Sehsinns handelt, mag ein Experiment zeigen, das jeder leicht selbst anstellen kann: Wenn Sie in den blauen Himmel sehen, können Sie die von Reich beschriebenen Pünktchen »vor« Ihren Augen sehen. Versuchen Sie dasselbe, während Sie mit einem Fahrrad fahren, oder halten Sie Ihren Kopf aus einem fahrenden Zug oder einem Auto: Noch immer scheinen Sie die Pünktchen »vor« den Augen zu haben, obwohl jetzt alles schnell an Ihnen vorbeizieht. Außerdem können Sie feststellen, daß diese Eindrücke mit zunehmender Helligkeit deutlicher auftreten, besonders bei zunehmendem UV-Anteil (wie Reich unter *Punkt 4* beschreibt, wenn man in das Gebiet größter Helligkeit neben der Sonne blickt). Besonders deutlich erschei- Seiten 24 f.

nen diese Pünktchen im Solarium bei künstlichem UV-Licht. Wären diese Pünktchen tatsächliche Lichtquellen und nicht interne Erregungen in Auge oder Nervensystem, so könnten sie auch mit Meß- und Fototechnik festgehalten werden, was nicht der Fall ist. [B.H.]

Seite 25 Zeile 4 f. »Die ›Teilchen‹ … kosmischen Energie.« – The »particles« of atomic physics do not agree with one single cosmic energy problem.

Seite 25 1. Absatz »die Teilchen der Atomphysik« – Die Physik versteht unter einem Quant ein nicht weiter teilbares Elementarteilchen oder eine Elementaranregung. Reich bezeichnet die Pünktchen, die er vor Augen sieht, als Einheiten oder Quanten und postuliert sie als elementar, ohne dies genauer zu untersuchen. Hier und in anderen Texten beschreibt Reich Orgon als eine Art Meer aus Teilchen, an anderen Stellen beschreibt er es als Strahlung oder sogar als räumliches Kontinuum. Diese Unbestimmtheit bleibt unaufgelöst. [B.H.]

Seite 25 2. Absatz »Die sogenannten kosmischen Strahlen sind für das bloße Auge unsichtbar geblieben.« – Sehen, Hören, Fühlen und Messen sind physikalische Prozesse, die bestimmte Energieumwandlungen beinhalten, durch welche ein physikalisches Phänomen wahrnehmbar wird. Ein Quecksilberthermometer mißt genaugenommen nicht eine Temperatur, sondern das Volumen des Quecksilbers. Der Trick des Messens besteht allgemein darin, das am besten geeignete Umwandlungsinstrument zu finden; für kosmische Strahlung eignet sich ein Geigerzähler. Das Auge ist kein passendes Instrument zur Wahrnehmung von kosmischer Strahlung, es sei denn, Sie befänden sich in einer Erdumlaufbahn durch den Van-Allen-Gürtel. Dort kann auf Ihre Sehnerven auftreffende kosmische Strahlung als optischer Eindruck erscheinen. [B.H.]

Exkurs II
Über Elektrostatik und Messungen mit dem Elektroskop

Ein Elektroskop ist ein Gerät zum Anzeigen elektrostatischer Ladungen. Das hier erwähnte Experiment beschreibt Reich in *Der Krebs* (Seiten 145-158) näher: Dabei wird ein Elektroskop elektrostatisch aufgeladen und die Zeit gemessen, bis die Ladung um einen bestimmten Wert abgenommen hat. Die Geschwindigkeit der Entladung eines Elektroskops an der Luft ist abhängig von der Güte der Isolation gegenüber der Umgebung (kein Isolator ist perfekt) und von den atmosphärischen Bedingungen. In der Atmosphäre sind immer Ionen anwesend, insofern ist die elektrische Isolationsfähigkeit der Luft keine absolute. Die Ionen rekombinieren nach bestimmter Zeit, und durch ionisierende Strahlung werden ständig neue gebildet. Aus diesem Grund darf es nicht erstaunen, daß ein Elektroskop in einem Orgonakkumulator langsamer entlädt als im Freien, denn die Abschirmung durch die Wände des Orgonakkumulators verringert den Strahlungsanteil. Seiten 25 ff.

Darüber hinaus kann sich die Entladungszeit mit dem Wetter ändern. Zum einen deshalb, weil die natürliche Radioaktivität der Luft am Boden davon abhängig ist, ob Wind oder Konvektion auftreten, wodurch die mit Radongas aus dem Boden angereicherte Luft in Bodennähe mit Luft aus höheren Atmosphärenschichten gemischt wird. Durch den typischen Tagesverlauf mit Windstille am Morgen und mit Konvektion am Nachmittag ergibt sich die typische Kurve der natürlichen Radioaktivität der Luft in Bodennähe, wie sie in der Literatur beschrieben ist. Sie hat ein Maximum am Morgen und ein Minimum am Nachmittag. Eine andere Einflußgröße auf die Elektroskopentladungszeit ist die relative Luftfeuchtigkeit. Je höher die relative Feuchte ist, umso dicker ist der natürliche Wasserfilm, der alle Oberflächen überzieht und den elektrischen Widerstand von Isolatoren verringert. Auch der typische Tagesgang der relativen Luftfeuchtigkeit hat ein Maximum am Morgen und ein Minimum am Nachmittag, weil er – wie die Konvektion – von der Lufttemperatur abhängt.

Auch Reich registriert den aus Luftionisation und Feuchte entstehenden typischen Tagesgang der Elektroskopentladungszeit bei seinen Messungen. Er irrt aber, wenn er in *Der Krebs* (Seite 156) schreibt: »Es wäre unsinnig anzunehmen, daß die atmosphärische Luft frühmorgens und spät abends stärker ›ionisiert‹ sei als mittags in der Sonnenglut«. Der ionisierende Anteil der Sonnenstrahlung erreicht freilich den Erdboden nicht, diese Strahlung wird in höheren Atmosphärenschichten, den Schichten der Ionosphäre, abgefangen. Auch die rasche Elektroskopentladung vor Regen, die Reich problematisiert, ist verständlich, wenn bedacht wird, daß mit der aufziehenden Bewölkung auch die Feuchtigkeit zunehmen, die Konvektion abnehmen oder ein Luftmassenwechsel eintreten kann.

Reichs wichtigstes Experiment mit dem Elektroskop beschreibt er in *Der Krebs* (Seiten 128 ff.). Es ist wahrscheinlich allen Lesern und Leserinnen noch aus dem Physikunterricht vertraut: In geringem Abstand von einer Eisenkugel hängt an einer Schnur ein Korkstückchen. Wird die Kugel elektrostatisch geladen, kommt es zu einer elektrischen Anziehung, und das Korkstückchen als elektrischer Nichtleiter wird an der Eisenkugel haften bleiben. Hängt an der Schnur allerdings ein Metallstückchen, also ein elektrischer Leiter (Reich verwendete ein Zinnfolienblättchen), so wird das Metall erst an die elektrostatisch geladene Eisenkugel angezogen, bei der Berührung kommt es aber zum Ladungsausgleich, und die gleichgeladenen Metalle stoßen sich wieder ab, so daß das Metallstückchen in größerem Abstand zur Eisenkugel entfernt bleibt. In diesem klassischen Versuch der Elektrostatik, der die unterschiedliche Bedeutung von Oberflächenladungen bei elektrischem Leiter und Nichtleiter zeigt, sieht Reich den Nachweis für die These, daß Orgon von organischen Stoffen angezogen, von Metallen, im besonderen Eisen, aber erst angezogen und danach abgestoßen wird. Aus dieser Interpretation heraus entwickelt

Reich seine Idee, Orgonakkumulatoren mit Doppelschichten aus Metall und Isolator zu bauen. [B.H.]

Die OR-Energiehülle des Planeten: eine Hypothese? – Aus Beobachtungen bestimmter atmosphärischer Phänomene, die er in *Der Krebs* beschrieb (Seiten 160–162), hatte Reich den Schluß gezogen, daß das von ihm postulierte Orgon die Erde umhüllt und sich im allgemeinen in west-östlicher Richtung durch die Atmosphäre bewegt. Reichs Interpretation dieser Beobachtungen ist anfechtbar; akzeptieren wir sie als Hypothese, dann ist damit aber immer noch nicht ausgemacht, daß auch andere Himmelskörper Orgonhüllen besitzen, wie Reich hier und auch in anderen Texten behauptet. Während Reich dies an dieser Stelle gleichsam als bewiesene Tatsache in Anspruch nimmt, ist er andernorts zurückhaltender. Auf Seite 135 fomuliert er vorsichtiger, die OR-Energie »umgibt als sogenannte OR-Hülle unseren Planeten und *sehr wahrscheinlich* alle anderen Himmelskörper« (Hervorhebung C.R.). Seite 26 Zeile 2

Derartig wechselnde Bewertungen, daß als Tatsachen hingestellte Behauptungen an anderer Stelle als vorläufige Hypothesen gekennzeichnet werden, sind in Reichs Spätwerk nicht ganz selten. Der etwas schludrige Umgang Reichs mit den verschiedenen Stufen von Erkenntnissicherheit zeigt sich bisweilen in schon fast grotesken Formulierungen. Beispielsweise kann es bei ihm heißen »if both facts were true« (Seite 89). Aussagen können wahr sein (oder nicht), Hypothesen können sich als wahr oder als falsch herausstellen. Aber die Frage aufzuwerfen, ob eine Tatsache wahr sei, macht ratlos: daß es eine »falsche Tatsache« geben könnte, ist widersinnig. Oder er formuliert (Seite 39, Zeile 26) »it seemed safe to assume«, womit er zwei Begriffe, die eine Ungewißheit kennzeichnen – annehmen und scheinen – im gleichen Atemzug mit dem Attribut der Sicherheit versieht. Einen solchen halsbrecherischen Spagat zwischen Vermutung und gesicherten Tatsachen praktiziert Reich öfters (Seite 47, Absatz 3; Seite 66, Absatz 2; Seite 137, Absatz 1; Seite 196, Zeile 20 f.) [C.R.]

Seite 26 3. Absatz »Hautoberflächenladung« – Vgl. Reichs *Bioelektrische Untersuchung von Sexualität und Angst*, wo er Messungen des elektrischen Hautpotentials beschreibt. [B.H.]

Seite 27 4. Absatz »Als Strahlenquelle diente alte bionöse Erde.« – Die oben erwähnten Grundformen des Lebens, die Bione, hatte Reich auch in Kulturen gefunden, die er aus Muttererde angesetzt hatte. Auch diese Bione waren nach seiner Deutung mit Orgon geladen und sandten eine Strahlung aus, die Fotoplatten schwärzte. [C.R.]

Seiten 27 f. »Jedoch ist ihnen gemeinsam ... das Durchdringen der Röntgenstrahlen.« – However, they have in common the fact that photographic plates are NOT influenced by electromagnetic waves, where orgone energy had already influenced the emulsion *first*. The affected regions are *blackened* on the white copy print; they are *not* affected by ordinary light where OR energy had acted first; also, *the OR field impeded the penetration of X-rays*.

Seite 34 6. Absatz »Der grundlegende Wesenszug ... absolut Gleiches daran.« – The basic character of all these phenomena is of a functional nature. There is nothing mechanical, rigid, or absolutely identical in it.

Exkurs III
Reichs Arbeit mit dem Geiger-Müller-Zähler

Seiten 36 ff.

»Der häufigste Fehler, der zu Beginn von Strahlungsmessungen gemacht wird, besteht darin, daß an die Strahlendetektoren eine zu hohe Spannung gelegt wird. Dies führt in Zählrohren zu Spontanentladungen und in Szintillationszählern zu Spannungsüberschlägen. Die Folge davon kann eine Zerstörung oder Wertminderung des Detektors sein. Daher ist vor dem

Einschalten der Hochspannung darauf zu achten, welcher Spannungswert eingeschaltet ist.«
H. Muschter, *Elektronische Zählgeräte für Kernstrahlung*, 1960

Im Oranur-Experiment berichtet Reich über eine Reihe von physikalischen Experimenten, die er seit 1938 mit dem Ziel durchführte, einen endgültigen physikalisch-meßtechnischen Beweis für seine These einer spezifischen Lebensenergie zu finden. Die dabei entstandenen Versuchsdesigns beschrieb er in seinem Buch *Der Krebs* und in Beiträgen zu seiner Zeitschrift *Orgone Energy Bulletin*, worin auch der erste Bericht über das Oranur-Experiment erschienen ist.

Seine Versuche nachzuvollziehen ist nicht einfach. Reich war kein ausgebildeter Physiker. Die Dokumentationen seiner Versuche sind aus diesem Grund zuweilen unzureichend. In den Jahren 1990 bis 1994 habe ich in Berlin viele Experimente Reichs nachgebaut. Um die Vakuumröhren-Experimente (VACOR) und den Orgon-Motor zu verstehen, mußte ich Reichs Originalaufbauten im Reich-Museum in Rangeley, Maine, USA, untersuchen. Im Sommer 1993 habe ich dort drei Tage lang die ausgestellten Versuchsaufbauten und zum Teil auch das Innenleben der verwendeten Meßgeräte studiert.

Reichs experimenteller Ausgangspunkt im Oranur-Experiment ist der Geiger-Müller-Zähler. Dieser besteht *erstens* aus einer Röhre mit einer bestimmten Gasfüllung bei niedrigem Druck, an die eine Hochspannung (meist 500 bis 1000 Volt) angelegt wird, *zweitens* aus einem elektrischen Schaltkreis (inklusive Hochspannungsgenerator), der die elektrischen Impulse aus dem Zählrohr verstärkt und formt, und *drittens* aus einer Anzeigeeinheit, welche die registrierten Impulse zählt (bei Reich in Impulsen pro Minute: counts per minute, cpm) oder die Strahlungsdosisrate angibt (bei Reich in Milliröntgen pro Stunde, mR/h oder mr/h). Trifft radioaktive Strahlung auf das Füllgas, werden Gasmoleküle ionisiert, das Füllgas wird elektrisch leitend und löst einen

Seiten 36 ff. Spannungsüberschlag in Form einer Gasentladung (Glimmlicht) aus, die als elektrischer Impuls vom Zählerschaltkreis verstärkt und angezeigt wird. Eine solche Gasentladung erscheint als Lichtblitz; sie ist auch das zugrundeliegende Prinzip der Glimmlampen und der Leuchtstofflampen. Vakuumröhren sowie Leuchtstoffröhren leuchten, wenn ein geeignetes elektrisches Feld im Gas eine Gasentladung auslöst. Bei niedriger relativer Luftfeuchtigkeit kann bereits das Reiben einer Leuchtstoffröhre mit einem trockenen Fell diese zum Aufleuchten anregen, wenn die durch Ladungstrennung beim Reiben (Triboelektrizität) auftretenden elektrischen Feldstärken groß genug sind. (Seite 37, Zeile 12; Seite 46, Zeilen 9 ff.)

Wenn es durch ionisierende Strahlung in einem Geigerzählrohr zum Zünden der Gasentladung gekommen ist, muß die Ionisierung des Füllgases durch Herabsetzung der Spannung so schnell wie möglich gelöscht und die verbliebenen Ionen müssen abgesaugt werden, um kurze verläßliche Impulse zu gewährleisten. Um dies zu erreichen, wird bei den ursprünglichen nichtselbstlöschenden Zählrohren der Arbeitswiderstand im Zählrohr mit etwa 10^8 Ohm so groß gewählt, daß die Spannung von selbst zusammenbricht und erst nach Millisekunden den alten Wert erreicht, mit dem Nachteil einer verlängerten Totzeit. Bei den erst 1935 entwickelten selbstlöschenden Zählrohren wird dem Füllgas ein spezielles Löschgas zugesetzt. Mit jedem Zündimpuls wird Löschgas abgebaut, so daß selbstlöschende Zählrohre eine charakteristische Lebensdauer mit einer begrenzten Anzahl an Impulsen haben (z.B. 10^9).[36] Typische Totzeiten liegen zwischen 10 und 100 µs für selbstlöschende und 1 ms für nichtselbstlöschende Zählrohre. Die maximalen Impulsraten sind also typenabhängig und liegen zwischen 60.000 und 6.000.000 cpm. Die maximale Impulsrate von Reichs nichtselbstlöschenden Zählern liegt mit 100.000 und 300.000 cpm genau in dem Bereich, in dem man sie erwarten würde.

Die Zählrate eines Geiger-Müller-Zählrohres ist von seiner

Bauart abhängig; je nach Anwendungsgebiet werden Zählrohre Seiten 36 ff. mit sehr dünnen Glimmerfenstern hergestellt, die Alpha-, Beta- und Gammastrahlung registrieren, während dickwandige Zählrohre nur auf Gammastrahlung reagieren. Reich verwendete unterschiedliche Geigerzählertypen und erhielt deshalb im einen Fall 300.000 cpm, mit dem anderen Gerät 100.000 cpm. (Seite 217)

Beide Zählraten sind zu hoch, um eine wirkliche Aussage über die Aktivität der Quelle zu erlauben. Aus den identischen Zählraten für 1 mg und 1 µg Radium (Tabelle 22, Seite 215) ist ersichtlich, daß diese Zählraten für das jeweilige Gerät den absoluten Höchstwert (Vollausschlag) bilden; die Geräte wurden also falsch eingesetzt. Das Strahlenlaboratorium in New York hingegen (Seiten 147, 217) hatte ein sehr *un*empfindliches Gammastrahlen-Zählrohr eingesetzt, wie es für diese starke Strahlenquelle angemessen war. Dessen Zahlen zeigen, daß die Gammastrahlung von diesem 1 mg Radium durch eine Bleiabschirmung von einem halben Zoll (etwa 13 mm) nicht abgehalten, sondern nur auf etwa die Hälfte (7/16) abgeschwächt wurde. Reichs Aussage (Seite 217), daß diese radioaktive Quelle in seinem Labor fünf- bis zwanzigfach soviel gestrahlt habe wie in New York, zeigt, daß er die geräteabhängigen Impulsraten (cpm) miteinander vergleicht, nicht die geräteunabhängigen, kalibrierten Dosisraten (mR/h). Das deutet auf völlige Unkenntnis auf dem Gebiet der Strahlenmeßtechnik hin.

Auch mit der Theorie der Meßtechnik im allgemeinen scheint sich Reich nicht vertraut gemacht zu haben; denn schon damals war es in der Physik längst üblich, zu Meßwerten auch die Fehlertoleranzen und die Meßbedingungen anzugeben. Das versäumte er, wie z.B. an Tabelle 19 (Seite 207) deutlich wird:

In der ersten Zeile werden 60-80 cpm mit 0,004 mR/h gleichgesetzt; in der zweiten Zeile werden 60 cpm gar nicht in mR/h ausgedrückt; in der dritten Zeile werden 60-80 cpm mit 0,02 mR/h gleichgesetzt; in der vierten Zeile werden 100 cpm mit 0,02 mR/h gleichgesetzt.

Seiten 36 ff. Das dabei verwendete Meßgerät ließ es zu, zwischen cpm- und mR/h-Anzeige umzuschalten; ein solches Gerät ist im Reich-Museum ausgestellt. Der statistische Fehler einer solchen Messung wird zweckmäßigerweise als relativer Fehler angegeben, also als Abweichung vom Erwartungswert der Meßgröße. Er beträgt bei Einzelzählung

$$F_{relativ} = \pm \sigma \cdot \frac{1}{\sqrt{N}}$$

wobei N die Anzahl der Impulse ist und für σ als Wahrscheinlichkeitsfaktor der für Geigerzähler übliche Wert von 2 einzusetzen ist.

Wenn Reich in einer Minute also 80 Impulse zählt, müßte er als Meßwert 80 cpm ± 23 Prozent angeben, sofern das Meßgerät bei allen Messungen denselben Bedingungen ausgesetzt ist (Temperatur, Feuchtigkeit, Spannungsversorgung), sonst vergrößert sich der relative Fehler. Die unterschiedlichen Werte in Zeilen 1-4 dieser Tabelle täuschen Exaktheit vor; besser wäre, in jede Zeile 80 ± 20 cpm zu schreiben, woraus ersichtlich wäre, daß es sich um die Hintergrundaktivität zu diesem Zeitpunkt handelt. Die Hintergrundaktivität eines Ortes zu einem bestimmten Zeitpunkt ist vom Ausgasen des Radon aus dem Boden, von der Erdstrahlung und von der einfallenden kosmischeb Strahlung abhängig. Der Radonanteil wiederum ist von der Luftbewegung und der Durchmischung mit Luft aus höheren Atmosphärenschichten abhängig, schwankt also mit dem Wind und der Wetterlage.

Schon »drei Tagen nach Eintreffen« (Seite 57) scheint Reich sein neues Zählrohr ruiniert zu haben. Wie er das gemacht hat, ist in Tabelle 1 (Seiten 57 ff.) und Abbildung 14 (Seite 82) dokumentiert: Jedes Geigerzählrohr hat einen typabhängigen Spannungsbereich, das sogenannte Plateau, in dem sich das Rohr als Geigerzählrohr betreiben läßt. Das Plateau beginnt mit der Schwellenspannung (Meßschwelle, M.S.) und ist bauteilabhängig etwa 150 bis 350 Volt lang (die sogenannte Plateaulänge oder auch Plateaubreite). In der Mitte dieses Bereiches liegt die für jedes

Zählrohr charakteristische, optimale Spannung für einen verläßlichen Betrieb (Meßoptimum, M.O.). Diese Spannungswerte werden vom Hersteller angegeben. Um ein Zählrohr auf Funktionstüchtigkeit zu prüfen, ist es zulässig, die Spannung innerhalb der Plateaulänge zu variieren und die Zählraten in einer Grafik (cpm über Volt) einzutragen, wie Reich das in Abbildung 14 (Seite 82) getan hat. Wird die Spannung über das Plateau (also den annähernd waagrechten Bereich zwischen 700 und 900 Volt) hinaus erhöht, so verhält sich das Rohr nicht mehr als Zählrohr, sondern als Glimmlampe, die bei steigender Spannung durch stärkeren Stromfluß immer schnellere Folgen von Lichtblitzen im Innern erzeugt, die das Rohr als Zählrohr unbrauchbar werden lassen, aber hohe Impulsraten liefern können. Reich berichtet (Seite 56, Mitte), daß er die Spannung bis 1500 Volt erhöht habe. Dies kann einige Male gut gehen; aber über kurz oder lang werden die »ängstlichen ›Kritiker‹« (Seite 56, unten) recht behalten: Mit jedem Betrieb oberhalb des Plateaus verändert sich das Rohr durch Alterung, bis schließlich sein Verhalten gänzlich unvorhersehbar wird. Ob Impulse auf ionisierende Strahlung zurückzuführen sind oder spontan, beispielsweise durch Spannungsschwankungen auftreten, ist dann nicht mehr zu unterscheiden. Beispiel für ein solches unvorhersehbares Verhalten ist der Ausbruch von 60 Impulsen pro Sekunde (Seite 57), der wahrscheinlich durch Einkopplung von 60 Hz Netzbrumm aus dem Transformator der Spannungsversorgung entstanden ist. Aus diesem Passus des Textes wird ersichtlich, daß Reich unwissentlich (aber zielsicher) seine Zählrohre zerstört und auf diese Weise bei überhöhten Spannungen hohe Umdrehungszahlen seines Zeigerinstrumentes erhalten hat (siehe Exkurs V). Entsprechend erfindet er eine Rotationsschwelle (Seite 58) und definiert sie als die Spannung, bei der sich der Zeiger des Cyclotron-Zählers langsam dreht (etwa 1500 cpm), und ein Rotationsoptimum, aus dem ersichtlich wird, daß die Zählrate nicht linear mit der Spannung steigt. Seiten 36 ff.

In Abbildung 12 (Seite 79) zeigt Reich, daß er bei geringeren

Seiten 36 ff. Spannungen weit höhere Zählraten erzielt, als der von ihm zitierte Hoag sie in seinem damals schon neun Jahre alten Buch beschreibt. Wiederum geht Reich darüber hinweg, daß erstens unterschiedliche Zählrohrtypen auch unterschiedliche Kennlinien haben, und Zählrohre zweitens nicht entwickelt wurden, um möglichst schnell aufzublitzen, sondern um ionisierende Strahlung eines bestimmten Energiespektrums zu registrieren.

Der Schlüssel zum Verständnis, warum Reich die Theorie einer Übererregung atmosphärischer Lebensenergie entwickelte, liegt einerseits in seiner Interpretation der Erkrankung der beteiligten Personen und Mäuse, und andererseits in seiner Deutung der Meßwerte (Tabelle 22, Seite 215). Hier beobachtet er, daß dieselbe Strahlenquelle aus einem Zentimeter Entfernung gemessen *ohne* halbzollige Bleiabschirmung eine geringere Zählrate ergibt (1/10 oder etwa 30.000 cpm) als *mit* Bleischirm (etwa 300.000 cpm). Er schließt daraus: »Es ist die OR-Energie der Atmosphäre in der Umgebung des NR-Materials, welche am Geiger-Müller-Zähler reagiert.« (Seite 217) Dieser Schluß ist sicherlich eines der zentralen Argumente im ganzen Oranur-Experiment. Trotzdem ist er unzulässig. Denn ein solches Verhalten des Geigerzählers ist keineswegs ungewöhnlich. Voraussetzung ist, daß ein empfindliches Zählrohr verwendet wurde: Reich setzt hier den Geigerzähler Autoscaler mit einem alpha-, beta- und gamma-empfindlichen Zählrohr mit Glimmerfenster ein (Seite 149). *Mit* Bleischirm reagiert der Zähler nur auf den Gamma-Anteil der Strahlung und ist trotzdem an seiner oberen Meßgrenze (Vollausschlag). Da Radium und sein Zerfallsprodukt ^{222}Radon starke Alpha-Strahler sind und darüber hinaus eine solche Quelle auch beta-Anteile hat, folgen *ohne* Bleischirm die Ionisationen im Zählrohr so rasch aufeinander, daß die Zeitspannen zwischen ihnen kürzer werden als die für die Regeneration des Füllgases im Zählrohr nötige Mindestzeit (die sogenannte Totzeit). Dadurch kommt es zu einem Ineinanderübergehen der einzelnen Impulse, und es können sogar Dauerentladungen auftreten. Der Zähler zeigt in diesem Fall keine Impulse mehr an. Erst Lücken zwischen zwei Ionisationen, die länger als die Totzeit dauern, würden wieder als Impuls vom Zähler registriert werden. Mit anderen Worten: Der Geigerzähler ist überlastet und registriert bei *steigender* Strahlungsintensität immer *weniger* Impulse. Für den Experimentator gilt dies allerdings nicht: Ohne Abschirmung haben Reich und seine Mitarbeiter nicht nur hohe Strahlendosen über sich ergehen lassen, sondern möglicherweise auch ihre Lungen mit ^{222}Radon belastet (das übrigens auch Bleiabschirmungen durchdringt, wenn diese nicht gasdicht ausgeführt sind), »ein feuchtes Tuch über Mund und Nase« (Seite 212) ist dabei wenig hilfreich. Seiten 36 ff

Wie groß die tatsächliche Strahlenbelastung von Reich und seinen Mitarbeiterinnen und Mitarbeitern war, ist schwer nachzuvollziehen, denn Reich legt mit diesen Texten keine strukturierten Versuchsprotokolle vor, sondern eher subjektive Beobachtungen. Beispiel ist Reichs Angabe von 8,3 R/h für die 1 mg Radiumprobe. Eine solche Dosisangabe ist nur in Verbindung mit einer Entfernungsangabe sinnvoll, da die Strahlung mit dem Quadrat der Entfernung abnimmt. Für altes (d. h. sich in Sättigung mit seinen Zerfallsprodukten befindendes) ^{226}Radium gilt der Gamma-Dosisleistungsfaktor von 0,825 $R \cdot m^2/h/g$. Ein kalibrierter Geigerzähler hätte für Reichs 1 mg Radium in 1 mm Entfernung 825 R/h, in 1 cm Entfernung 8,25 R/h, in 1 m Entfernung 0,825 mR/h, in 10 m Entfernung 8,25 µR/h angezeigt. Reichs Angabe von 8,3 R/h bezieht sich also auf 1 cm Entfernung und stammt offensichtlich vom Lieferanten des Radiums. Die halbzöllige Bleiabschirmung hätte den Gamma-Strahlungsanteil auf jeweils 7/16 reduziert. (Seite 147, Fußnote) Zum Vergleich: Die natürliche Erdstrahlung hat in Berlin eine Ortsdosisleistung von 7 bis 8 µR/h.

Kann eine solche Strahlungsquelle akute Strahlenkrankheit oder Langzeitfolgen auslösen? Diese Frage ist kaum zu beantworten, denn es fehlen Angaben, wie lange und in welcher Entfernung Reich sich selbst, seine Mitarbeiter oder die Mäuse der Strahlenquelle aussetzte. Sicher ist, daß er die Quelle für ziemlich

Seiten 36 ff. ungefährlich hielt und sie auch ohne abschwächenden Bleischirm einsetzte, wodurch er sich neben dem Gamma-Anteil auch der Alpha- und Betastrahlung aussetzte.

Reichs oben diskutierte Schlußfolgerung einer Übererregung der atmosphärischen Orgonenergie, die nur auftritt, wenn Radioaktivität auf konzentrierte Orgonenergie trifft, läßt Reich in den Jahren nach dem Oranur-Experiment auf Bleiumhüllungen verzichten, denn jegliches Metall, so seine Theorie, würde Orgonenergie akkumulieren. Er nannte eine dieser Radiumproben später ORUR und verwendete sie weiterhin für mehrere Experimente in Arizona, wobei das Radium nicht mehr in Blei, sondern nur in einem Holzbehälter gelagert wurde (siehe *Das Oranur-Experiment. Zweiter Bericht*). Reich scheint sich und seine Mitarbeiterinnen und Mitarbeiter also wiederholt einer relativ hohen Strahlung ausgesetzt zu haben. Die insgesamt 10^8 Bq Radium, die Reich besaß, sollten bei vorsichtigem Gebrauch nicht zu akuten Strahlenschäden führen, vorausgesetzt, die blutbildenden Organe (Plattenknochen) würden keiner Dauerbestrahlung ausgesetzt. Die Dosis, die bei der Hälfte der betroffenen Personen zum Tod führt, die sogenannte LD_{50}, liegt für den Menschen bei etwa 500 R bei Ganzkörperbestrahlung. Sie mit 3 mg Radium zu erreichen ist nicht möglich. Allerdings kann es bei Langzeitbestrahlung auch bei weit niedrigeren Dosen zu gesundheitlichen Schäden kommen.[37] [B.H.]

Seite 37, 1. Absatz Lumineszenz. – In seinem hier zitierten Buch *Der Krebs* erläutert Reich Lumineszenz in einer Weise, die sich nicht mit dem in der Physik üblichen Sprachgebrauch deckt. In der Physik ist »Lumineszenz« der Oberbegriff für alle Leuchtphänomene, die an Stoffen infolge Erregung durch energiereichere Strahlung (UV-, Röntgen- und Gammastrahlen), aber auch durch elektrische oder chemische Energie, Ultraschall oder andere mechanische Einwirkungen ausgelöst werden. Je nachdem, ob die Lichtaussendung des Stoffes sofort erlöscht, wenn die anregende Einwirkung abbricht, oder aber der Stoff noch eine Weile »nachleuchtet«, spricht man von Fluoreszenz oder Phosphoreszenz. Bei dem hier zitierten und in *Der Krebs* detaillierter beschriebenen Versuch ist zu berücksichtigen, daß Fluoreszenz auch durch mechanische Einwirkung hervorgerufen werden kann und daß Zinksulfid, um dauerhaftes Fluoreszieren zu erreichen, häufig mit geringen Mengen radioaktiver Substanzen versehen wurde, beispielsweise in Leuchtfarben für Uhrzifferblätter. Leider macht Reich weder hier noch in *Der Krebs* Angaben darüber, ob er mit radioaktiv kontaminiertem Zinksulfid gearbeitet hat oder nicht. Zwar erwähnt er an anderen Stellen ausdrücklich »radioaktives Zinksulfid«; es bleibt jedoch offen, ob es sich dabei um das gleiche Material wie bei den hier geschilderten Experimenten gehandelt hat. [C.R.]

Exkurs IV
Die orgonotische Temperaturdifferenz: Das Problem der Messung

»Am OR-Akkumulator gibt es ein beständiges Wärmepotential zwischen der höheren Temperatur *über* dem Akkumulator und der umgebenden Luft mit ihrer *niedrigeren* Temperatur.« – In Reichs ursprünglicher Versuchsanordnung, wie sie beispielsweise in *Der Krebs* (Seiten 131-143) beschrieben wird, hatte sich das Thermometer in einem kleinen Kästchen oberhalb des Orgonakkumulators befunden. Diese Anordnung ist jedoch insofern problematisch, als die gemessene höhere Temperatur in einem solchen oben stehenden Kästchen die Folge eines Temperaturgefälles sein kann, das in jedem Zimmer auftritt: Die Temperatur ist an der Decke höher als am Fußboden. Durch die zirkulierende, Wärme transportierende Luft (Konvektion) und durch Wärmestrahlung kann der kleine Kasten oben auf dem Akkumulator eine höhere Temperatur erlangen, ohne daß man mit Reich einen besonderen Akkumulationsmechanismus, ein umgekehrtes Potential, eine Seite 38 1. Absatz

Seite 38 bisher unbekannte Energie oder gar eine Verletzung des Zweiten Hauptsatzes der Thermodynamik annehmen muß. Daß Reich bei seiner Meßanordnung solche Wärmetransportvorgänge nicht berücksichtigt hatte, darauf hatte schon Einstein hingewiesen, als ihm der Akkumulator vorgeführt worden war. Reich hatte daraufhin durch Änderungen des Versuchsaufbaus den Einfluß der Konvektionswärme bei der Herausbildung der Temperaturdifferenz ausgeschaltet. Er hatte die Wärme direkt im Innern des Orgonakkumulators gemessen und die Werte nicht nur mit der Temperatur der Umgebung, sondern auch mit der Temperatur in einem »Kontrollkasten« verglichen, dessen Wände zwar ähnliche Wärmeleiteigenschaften, aber nicht den spezifischen Wandaufbau des Orgonakkumulators besaßen.

Daß Reich hier, zehn Jahre nach jener Diskussion mit Einstein, wieder zu seiner ursprünglichen Temperaturmessung »above the accumulator« zurückgekehrt ist, läßt darauf schließen, daß er Einsteins Einwand gar nicht ganz erfaßt hat: Die Temperaturdifferenz am Akkumulator läßt sich nur dann als Beleg für die Existenz eines der herkömmlichen Physik unbekannten Wirkungsprinzips anführen, wenn peinlich genau darauf geachtet wird, daß sie eben nicht durch Wärmekonvektion, -strahlung, unterschiedliche Wärmeleitfähigkeiten u.ä. zustande kommt. [C.R.]

Das Versuchsdesign zur Messung der »orgonotischen Temperaturdifferenz« (T_0-T) hat Reich selbst mehrmals verändert. Erst verglich er die Lufttemperatur in einem kleinen Zylinder über dem Deckenblech eines geschlossenen Orgonakkumulators mit der Lufttemperatur der Umgebung, danach vergrub er diesen Orgonakkumulator zur Hälfte in der Erde und nahm als Vergleichswert die Boden- und Lufttemperatur in einem unten offenen Glasgefäß, das ebenfalls zur Hälfte im Erdboden steckte; schließlich verwendete er eine Orgonakkumulatorplatte von etwa 20 x 20 cm Größe mit der Blechseite nach oben. Auf diese stellte er mittig einen nach unten offenen Kasten aus 1 cm dicken Holzweichfaser-

Reichs Meßaufbau zur Bestimmung der orgonotischen Temperaturdifferenz. Diese Anordnung zur Messung der orgonotischen Temperaturdifferenz wurde von Reich für tägliche Messungen verwendet und ist in dieser Form im Wilhelm Reich Museum in Rangeley, Maine, USA, ausgestellt.

Auf etwa 20 mal 20 cm großen Plattenelementen stehen in durchsichtigen Zylindern Schachteln aus Weichfaserplatten mit Thermometern. Das linke Bodenelement stellt den Orgonakkumulator dar, es ist an seiner Oberseite mit einem verzinkten Eisenblech abgedeckt. Das rechte Element ist mit einer Sperrholzplatte abgedeckt. Diese unterschiedlichen Oberflächen waren der Wärmestrahlung des Raumes und durch die Fenster auch der direkten Sonnenstrahlung ausgesetzt. Die linke Eisenoberfläche leitet die Wärme besser in das Innere der Schachtel und an das Thermometer weiter, so daß an Tagen mit Sonnenschein eine höhere Temperatur als am rechten Thermometer abgelesen werden konnte. Reich las diese Temperaturen täglich um die Mittagszeit ab, also wenn die Sonnenstrahlung am stärksten war: »The meteorological measurements are regularly done daily at noon«. (Abb. aus: Wilhelm Reich, *The Orgon Energy Accumulator. It's Scientific and Medical Use*, Rangeley 1951)

Seite 38 platten mit den Abmessungen 10 x 10 x 15 cm. Oben war in der Mitte ein Quecksilberthermometer angebracht, das die Lufttemperatur im Inneren anzeigte. Darüber war ein Glaszylinder mit etwa 16 cm Durchmesser gestülpt. Als Kontrolle diente ein analoger Aufbau mit dem Unterschied, daß das Orgonakkumulatorblech durch eine Sperrholzplatte ersetzt war.

Die Temperaturmessungen bei der hier beschriebenen und im Reich-Museum ausgestellten Anordnung wurden mit Quecksilberthermometern durchgeführt, die eine Meßgenauigkeit von bestenfalls 0,1 Grad Celsius besaßen. Die gemessenen Temperaturunterschiede betrugen bis zu +4 Grad, beim Aufbau im Freien bis zu +20 Grad.

Das Temperaturdifferenz-Experiment hat mehrere Experimentatoren zum Nachvollzug gereizt, die mit unterschiedlichen Designs versucht haben, die Vielzahl möglicher Fehlerquellen auszuschließen. Dabei zeigte sich, daß die Temperaturdifferenz umso kleiner wurde, je genauer gemessen wurde. In der Berliner Arbeitsgruppe Orgon-Biophysik benutzte ich hochgenaue Platin/Platin-Rhodium-Thermoelemente, chopperstabilisierte Operationsverstärker und arbeitete mit computergestützten Zeitreihen mit 14 bit Auflösung. Der Meßfehler dieses Versuchsaufbaues konnte damit auf einen Wert von ± 0,01 Grad gedrückt werden. Als Ergebnis monatelanger Zeitreihen in Berlin und Grönenbach (Süddeutschland) zeigte sich schließlich, daß der Effekt einer Temperaturdifferenz allein auf das unterschiedliche Verhalten hinsichtlich Aufnahme, Leitung, Speicherung und Abgabe von Wärme der unterschiedlichen Kisten (mit oder ohne Metall) zurückzuführen ist. Orgonakkumulator und Kontrollkiste reagieren, da sie nicht identisch sein können, eben verschieden schnell auf äußere Änderungen der Lufttemperatur und der Wärmestrahlung.

Woher kamen nun die + 20 Grad Differenz, die Reich in *Der Krebs* angibt? Bei genauem Studium des Textes fällt auf, daß Reich die hohen Differenzwerte immer dann erhält, wenn die Sonne auf die Meßapparatur scheint. In *Der Krebs* auf Seite 139 berichtet er von einer Meßreihe (»im Zimmer bei offenem Fenster«), die immer dann Differenzen bis zu 4 Grad enthält, wenn die »Sonne den Orgonakkumulator trifft, dabei aber beide Thermometer im Schatten sind«. Mit dem Bild des Versuchsaufbaues vor Augen, bei dem das Eisenblech rundum 4 cm über die aufgesetzte Schachtel hinausreicht, sind diese Differenzen nicht verwunderlich, da die Sonne das Blech schneller erwärmt als die Holzoberfläche der Kontrollkiste und das Blech die Wärme schneller in die Schachtel leitet, was im Innern zu Erwärmung führt. Wenn der Thermometervergleich eine positive Temperaturdifferenz zeigt, liegt die Ursache in der unterschiedlichen Aufnahme von Wärmestrahlung durch unterschiedliche Materialien, Oberflächen, Farben etc. Seite 38

Im Fall des Versuchsaufbaues im Freien wird dies mit + 20 Grad Temperaturdifferenz besonders deutlich. Reich schreibt in *Der Krebs*: »Die Temperaturdifferenz im Freien schwankt mit zu- und abnehmender Sonnenstrahlung, also auch mit den Tagesstunden. Differenzen bis zu 20 Grad Celsius sind an stark sonnigen Sommertagen keine Seltenheit. Das Org-Thermometer ist dabei natürlich nie der Sonnenstrahlung ausgesetzt.« (*Der Krebs*, Seite 141) Letzteres ist auch nicht notwendig, um Differenzen zu erzielen; es genügt, wenn der Orgonakkumulator und der Kontrollkasten mit ihren unterschiedlichen Materialien der Sonne ausgesetzt sind. Reich macht sich mit dieser Versuchsanordnung denselben Wärmestrahlungseffekt zunutze, der in Sonnenkollektoren eingesetzt wird, die im Winter auch bei Minusgraden an Sonnentagen noch Warmwasser liefern. Reich führt weiter aus: »Bei Regenwetter sind die Temperaturdifferenzen minimal, oder sie verschwinden ganz.« Womit die Erklärung des T_0-T-Experimentes als Wärmestrahlungsartefakt eine weitere Bestätigung erfährt.

Von einigen Experimentatoren nach Reich wurde eingeräumt, daß Reichs 20 Grad »übertrieben« sein könnten. Gleichwohl wurden 0,2 bis 1 Grad durchaus für möglich gehalten; Meßergebnisse dieser Größenordnung wurden z. B. in der Berliner Zeitschrift *emotion* veröffentlicht. Nun wird aber eine Hypothese niemals dadurch plausibler, daß ihre Aussage auf ein zwanzigstel zurückgeschraubt wird. Wer Reichs Versuche »eins zu eins« nachmacht, erhält auch exakt dieselben Ergebnisse an Wärmestrahlungseffekten.

Wird Wärmestrahlungseinfluß ausgeschlossen, was sehr viel physikalisches Fachwissen und experimentellen Aufwand voraussetzt, dann verliert sich auch die Temperaturdifferenz. Das ist das Ergebnis, zu dem die Berliner Arbeitsgruppe Orgon-Biophysik gelangt ist. [B.H.]

Seite 38 2. Absatz »Der energetisch stärkere Blutstrom absorbiert aus dem Darminneren Energie durch die Darmwände hindurch.« – Daß in den Därmen Stoffe *gegen ein Konzentrationsgefälle* durch die Darmwände hindurch ins Blut transportiert werden, diskutiert Reich in *Der Krebs* ausführlicher. Dieser Prozeß würde den 2. Hauptsatz der Thermodynamik (von der Zunahme der Unordnung) in Frage stellen, *wenn hierbei nicht Energie zugeführt wird.* Wie sich gegen Ende der fünfziger Jahre jedoch herausstellte, geht mit dem biologischen Stofftransport gegen Konzentrationsgefälle – so auch im Darm – der Abbau der energiereichen Verbindung ATP zu energieärmeren Stoffen einher, es wird somit chemische Energie umgesetzt. Eine Verletzung des 2. Hauptsatzes der Thermodynamik liegt daher nicht vor. Insofern kann die Tatsache der Nahrungsmittelabsorption im Darm heute nicht mehr als Beleg für die Annahme eines umgekehrten Potentials oder einer spezifisch biologischen, unterschiedlich funktionierenden Energieform herangezogen werden. [C.R.]

Seite 39 Zeile 26 »Dennoch erschien die Annahme gerechtfertigt ...« – Nevertheless, it seemed safe to assume ...

Seite 40 3. Absatz »... auf dem Schirm in der metallausgekleideten OR-Dunkelkammer ...« – Eine Beschreibung dieses zur Sichtbarmachung der Strahlungsphänomene verwendeten Schirms gibt Reich in *Der*

Krebs (Seiten 126 f.). Es handelt sich um eine Scheibe aus fluoreszierendem Material, die von hinten durch eine mattgrüne elektrische Birne erleuchtet wird. Durch Verwendung einer Lupe vor dem Schirm konnte Reich unterscheiden, ob die Lichteindrücke rein subjektiver Natur waren (in diesem Fall würden sie durch die Lupe nicht größer erscheinen) oder ob sie auf dem Schirm vorhandenen Lichterscheinungen entsprachen. Diese Anordnung nennt Reich auch »Orgonoskop«. [C.R.]

EXKURS V
Die motorische Kraft der Orgonenergie: Der Orgonmotor

Reich stellt den Orgonmotor als ein Gerät vor, das Orgonenergie in Bewegungsenergie (»motorische Kraft«) umwandelt: Das Leuchten einer Vakuumröhre wird in die Drehbewegung eines Zeigers umgewandelt. Reich hoffte, hiermit eine Art Perpetuum mobile gefunden zu haben. Seiten 41 ff.

Der »Orgonmotor« bestand im wesentlichen aus einem Geigerzählerapparat. Bei den ersten Versuchen war an dessen Eingang ein Geigerzählrohr angeschlossen, das Reich später durch eine spezielle Vakuumröhre ersetzte; zuletzt waren es ein Draht oder ein menschlicher Körper, die die Impulse lieferten, welche der Zählapparat verstärkte und anzeigte. Als Anzeigeinstrument verwendete Reich einen Impulszähler der Firma Cyclotron Specialities Co. Dieses Gerät zeigt Impulse dadurch an, daß ein Zeiger mit jedem Impuls ein Stück im Kreis weiterrückt. 100 Impulse entsprachen einer vollen Umdrehung. Zur Bewegung des Zeigers benötigt der Cyclotron-Zähler keine eigene Spannungsversorgung, sondern bezieht seine Energie aus den strom- und spannungsverstärkten Impulsen, die der Geigerzählerapparat liefert. Der Cyclotron-Zähler ist im Reich-Museum in Rangeley ausgestellt, ebenso der Versuchsaufbau zur Bestimmung von Orgonenergieimpulsen im Vakuum (siehe folgende Abbildung).

Seiten 41 ff. Woher aber kamen die hohen Impulsraten? Geigerzählrohre erzeugen hohe künstliche Impulsraten, wenn sie mit Spannungen oberhalb des zulässigen Plateaubereiches betrieben werden (siehe Exkurs III). Derselbe physikalische Effekt, nämlich Gasentladung bzw. Glimmlicht tritt auch in Reichs Vakuumröhren auf, wenn sie mit geeigneter Spannung versorgt werden. Die Impulsquelle bei Anschluß einer Drahtantenne oder direkter Berührung des Eingangs durch einen Menschen ist das elektromagnetische Streufeld (Elektrosmog) um den Transformator der Spannungsversorgung des Geigerzählers, welches von Antenne und Körper eingefangen und über den Eingangsfilter in den Zäh-

Reichs Versuchsaufbau zur Bestimmung von Orgonenergieimpulsen im Vakuum. Unten links sind zwei verschiedene Vakuumröhren zu sehen, in der Mitte der Autoscaler 4096, ein Geigerzählapparat, der die registrierten elektrischen Impulse verstärkte und an das rechts unten abgebildete Zeigerinstrument weitergab. Die elektrischen Impulse bewegen den Zeiger im Kreis. Auf dem Autoscaler steht ein weiterer Geigerzählerapparat. (Abb. aus: W. Reich, *The Orgon Energy Accumulator. It's Scientific and Medical Use*, Rangeley 1951)

ler eingekoppelt wird. Um es ausdrücklich festzustellen: Der Zeiger drehte sich mit elektrischer Energie, Elektrosmog ist keine Lebensenergie, und Vakuumröhren leuchten blau, weil sie Energie verbrauchen und nicht erzeugen. Den elektrischen Schaltkreis seines Versuchsaufbaus hätte Reich leicht durchschauen können: Er hätte nur sein Oszilloskop einsetzen müssen. So aber glaubte er, ein Perpetuum mobile gefunden zu haben, und hinterlegte seine Idee bei Patentanwälten. Seiten 41 f.

Im Sommer 1993 habe ich den Orgonmotor mit Vakuumröhre nachgebaut. Den Schaltplan des Meßaufbaues zeigt die nachstehende Abbildung. Bei Anlegen einer geeigneten Hochspannung an die von dem Berliner Vakuumröhren-Entwickler Fredi Backs (dem ich bei dieser Gelegenheit für seine Freundschaft und Zusammenarbeit von Herzen danken möchte) angefertigte Vakuumröhre, konnte das charakteristische blaurote Leuchten von Gasentladungen in Luft bei geringem Druck beobachtet werden.

Die Untersuchung der Erscheinung mit dem Oszilloskop zeigte, daß es sich nicht um ein kontinuierliches Leuchten handelt, sondern um eine hochfrequente Folge von Einzelblitzen, die mit freiem Auge nicht unterscheidbar sind. Die Frequenz der Blitze ist abhängig von der anliegenden Spannung, dem vom Vorwiderstand begrenzten Stromfluß und den beteiligten Kapazitäten. In dem Versuchsaufbau geschieht folgendes: Die Spannungsversorgung erhöht die Spannung an der Röhre so lange, bis die für die Röhre charakteristische Zündspannung erreicht ist. Die Zündspannung ist vor allem abhängig von Druck und Art des Gases, von der Entfernung und der Gestalt der Elektroden und darüber hinaus von der vorhandenen Strahlung, den verwendeten Elektrodenmaterialien, ihrer Temperatur und einigen anderen physikalischen Größen. Der Zusammenhang wird im sogenannten Paschen-Gesetz[38] beschrieben, welches besagt, daß die Zündspannung $U_{zünd}$ aus dem Produkt von Innendruck p und Elektrodenabstand d berechnet werden kann: $U_{zünd} = p \cdot d$.

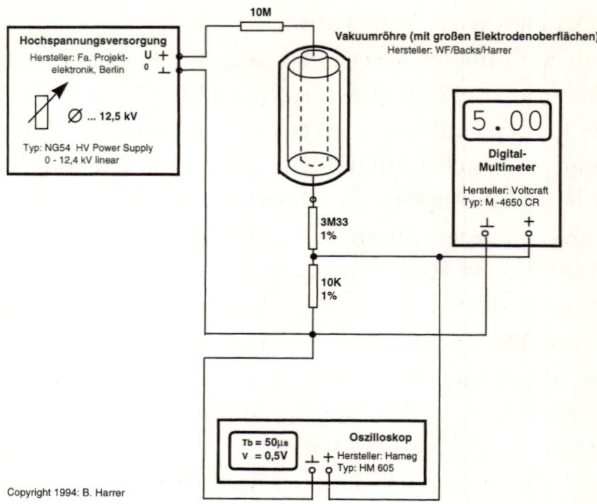

Schaltplan zum experimentellen Nachvollzug von Reichs Orgonmotor. Der dargestellte Schaltplan zeigt den Nachbau von Wilhelm Reichs Orgonmotor durch Bernhard Harrer. Im Unterschied zu Reich wurden Vorwiderstände verwendet, um den Stromfluß zu begrenzen; und statt des Geigerzählerapparates, mit dem Reich die elektrischen Impulse darstellte, wird hier mit einem Oszilloskop gearbeitet.

Die linear von Null bis 12,5 Kilovolt regelbare Hochspannungsquelle versorgt über drei in Serie geschaltete Vorwiderstände die Vakuumröhre mit Strom. Eine Vakuumröhre hat im ungezündeten Zustand (d.h. keine Gasentladung, also kein Leuchten) einen sehr hohen Innenwiderstand. Zusammen mit den Vorwiderständen wirkt sie als Spannungsteiler, also kann die an der Röhre anliegende Spannung über den Spannungsabfall an dem 10K Widerstand mittels Digitalmultimeter und Oszilloskop berechnet werden. Im Versuchsverlauf wird die Spannung langsam linear erhöht, bis die für die betreffende Vakuumröhre charakteristische Zündspannung erreicht ist. In diesem Moment wird das Gas schlagartig leitend (Ionisation), das Gas leuchtet auf (Gasentladung, Glimmlicht), der hohe Innenwiderstand der Röhre bricht durch diesen »Kurzschluß« zusammen, wodurch ein hoher Stromfluß einsetzt. Der hohe Stromfluß ist durch die Vorwiderstände und die Leistung der Spannungsquelle begrenzt und hält so lange an, bis die Kondensatoren der Spannungsquelle entladen sind. An diesem Punkt bricht das Glimmlicht ab, die Röhre baut ihren ursprünglichen hohen Innenwiderstand erneut auf. (Schema: B. Harrer)

Der Vorgang des Zündens der Vakuumröhre ist das schlagartige Auftreten von Gasentladung (Aufblitzen des Glimmlichtes). Dabei wird das Gas, welches bis dahin einen hohen elektrischen Widerstand besaß, schlagartig leitend, wodurch die Spannung im Schaltkreis zusammenbricht. Ist die Spannung unter einen bestimmten, ebenfalls für jede einzelne Röhre charakteristischen Wert gefallen, so reicht sie nicht mehr aus, um die Gasentladung aufrechtzuerhalten; sie bricht ab ($U_{abbruch}$). Danach steigt die Spannung durch Nachlieferung aus der Hochspannungsquelle wieder an, bis die Zündspannung erneut erreicht ist. Wie sich das Signal, das dabei entsteht, am Oszilloskop darstellt, zeigt die umseitig folgende Abbildung. Seiten 41 ff.

Dieser Versuchsaufbau Reichs entspricht dem klassischen Sägezahngenerator, wie er vor der Entwicklung der Halbleitertechnologie mittels Glimmröhre realisiert wurde. Die Aufladezeit bis zur Zündung der Röhre und damit die Wiederholfrequenz ist abhängig vor allem von der Zeit, welche die Spannungsquelle benötigt, um über den Vorwiderstand die Spannung von $U_{abbruch}$ bis $U_{zünd}$ zu erhöhen. Sie kann auch sehr eindrucksvoll durch Annäherung von leitenden Materialien, beispielsweise der Hand des Experimentators, an die Vakuumröhre verändert werden.

Eine Videodokumentation dieses Effektes, der auf Veränderung elektrischer Felder beruht, und des gesamten Orgonmotor-Versuchsaufbaues kann über mich bezogen werden. An dieser Stelle möchte ich mich für die vielen wertvollen Hinweise sehr herzlich bei Herrn Hartmut Heinze von der Berliner Firma Projektelektronik bedanken, deren Spezialgebiet die Entwicklung und Produktion von hochgenauen Meßgeräten ist. Herr Heinze hat mehrere Versuchsaufbauten der Berliner Arbeitsgruppe Orgon-Biophysik kritisch begleitet und die eingesetzte Hochspannungsquelle zur Verfügung gestellt. [B.H.]

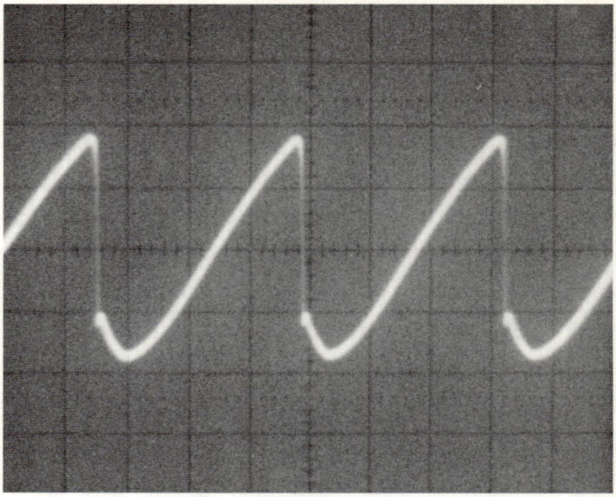

Spannungsverlauf im Orgonmotor-Schaltkreis. Das Oszilloskop zeigt die typischen, im »Orgonmotor« entstehenden Sägezahnimpulse: Die Spannung steigt linear, bis die für jede Vakuumröhre charakteristische Zündspannung erreicht ist. In diesem Moment wird das Gas schlagartig leitend (Ionisation), das Gas leuchtet auf (Gasentladung, Glimmlicht), der hohe Innenwiderstand der Röhre bricht durch diesen »Kurzschluß« zusammen, wodurch ein hoher Stromfluß einsetzt. Die Spannung im Schaltkreis fällt schlagartig ab und bleibt solange niedrig, bis die Kondensatoren der Spannungsquelle entladen sind. An diesem Punkt bricht das Glimmlicht ab, die Röhre baut ihren ursprünglichen hohen Innenwiderstand erneut auf. Jetzt kann die Spannungsversorgung wieder nachladen, das heißt, die Spannung an die Röhre steigt wieder linear an, bis die Zündspannung erreicht wird und das Gas erneut zündet.

Dieser Zyklus wiederholt sich mit einer Frequenz, die von der Leistung der Spannungsquelle und den Widerständen und Kapazitäten aller Bauteile des Schaltkreises abhängt. Solche Schaltkreise mit Vakuumröhren wurden zu Reichs Zeit zur Erzeugung sogenannter »Sägezahn«-Signale eingesetzt. Die Frequenz der Lichtblitze kann so schnell sein, daß sie mit freiem Auge als Dauerleuchten wahrgenommen wird bzw. einen Zeiger in rasche Drehung versetzt. (Foto: B. Harrer)

»Das dritte Prinzip ... aufrechterhalten werden sollte.« – The third principle was a necessary assumption if the existence of a basic, universal, all-pervading cosmic energy was to be sustained on the basis of the orgonotic phenomena. Seite 47 3. Absatz

»Tatsächlich hält ein lebender Organismus ... als die umgebende Umwelt.« – A living organism, it is true, keeps a higher level of energy functioning than the surroundig environment. Seite 47 4. Absatz

»Dieser Energiemetabolismus ... *oberhalb* der umgebenden Atmosphäre aufrecht.« – This energy metabolism is of a *functional* nature, i.e., constantly shifting its energy content, and keeping a certain level *above* the surrounding atmosphere within certain limits of variation. Seite 48 2. Absatz

»Es überraschte mich, daß stets ein summendes Geräusch einsetzte ...« – Bei dem »summenden Geräusch« hat es sich vermutlich nicht um die »Quantenwirkung der Bioenergie« gehandelt, sondern um den Netzbrumm, der auftritt, wenn Streufelder von Transformatoren an einen Verstärkereingang eingekoppelt sind. Dafür spricht nicht zuletzt auch der elektrische Schlag, den Reich bekam, als er »den Griff des Zählrohrs« berührte. Anscheinend war der Griff ungenügend von der Hochspannung an dem Rohr isoliert (z. B. durch Feuchte, Verschmutzung oder Baufehler). Ein Schlag ist auch bei ausgeschalteten Batterien möglich, da in Hochspannungsversorgungen Kondensatoren eingesetzt werden, welche die Spannung über lange Zeit speichern können. [B.H.] Seite 51 3. Absatz

Daß der Geigerzähler bei Regen nur noch eingeschränkt funktioniert, ist nicht erstaunlich und hat nichts »mit der Freisetzung von OR-Energie aus den Wolken«, sondern nur mit der Freisetzung von Regentropfen zu tun, also dem Ansteigen der relativen Luftfeuchtigkeit bis nahe 100 Prozent und den dadurch auftretenden Kriechströmen. [B.H.] Seite 52 3. Absatz

Seite 53 5. Absatz »… hatte ich damit tagsüber viele Stunden im OR-Raum gearbeitet.« – Widerspruch zu oben (3. Absatz), wonach Reich am Vortag die Sitzung im OR-Raum nach zwanzig Minuten abbrechen mußte. [C.R.]

Seite 54 4. Absatz »Aber es konnte als gesicherte Tatsache angesehen werden, daß elektromagnetische Energie ›antithetisch‹ zur OR-Energie ist«, heißt es hier; oben (Seite 39, 2. Absatz) war das noch vorsichtig als Hypothese formuliert worden: »OR-Energie ist grundsätzlich verschieden von elektromagnetischer oder mechanischer Energie, möglicherweise sogar antithetisch zu dieser.« [B.H.]

Seite 60 1. Absatz »Störung« – jamming

Seite 66 2. Absatz »Sollten sich diese Vorhersagen … Punkte als gesichert angesehen werden:« – Should these predictions, made on the basis of the previous experiment, prove correct, the facts could be established beyond doubt, that:

Seite 69 2. Absatz »Da jedes einzelne Gebäude … wo mit Orgonenergie gearbeitet wurde.« – Since every single building at Orgonon and in Forest Hills, N.Y., contains at least one OR accumulator, it was to be expected that the air would be »contaminated« with OR energy concentration wherever work was done with orgone energy.

Seite 71 2. Absatz »Hitzewellen« – Reich glaubte, das Orgon in der Atmosphäre durch ein Fernrohr beobachten zu können. Was er damit meint, ist das Phänomen der »Hitzewellen«, die mit freiem Auge beispielsweise über heißem Asphalt zu sehen sind. Zum Beweis, daß es sich hierbei um Orgon, nicht um einfache »Hitzewellen« handelt, führt er an anderer Stelle an,[39] diese Erscheinung auch im Gebirge bei minus 30 Grad C beobachtet zu haben, wo ja nicht von Hitze gesprochen werden könne. Wie aber jedem Lehrbuch über Meteorologie – etwa dem bereits in den zwanziger Jahren erschienenen Standardwerk von Pernter / Exner[40] – entnommen werden kann, ist das Phänomen, daß Licht beim Durchgang durch *unterschiedlich dichte* Luft gebrochen wird, vom jeweiligen Temperaturunterschied benachbarter Luftschichten abhängig, nicht von der absoluten Temperatur. [B.H.]

»Die Veränderung der Spannung …« – Vermutlich Schreibfehler im Original (»charge« / »change«): The *charge* in voltage produced the following rates in one operation… [C.R.] Seite 75 2. Absatz

»Die Kurven, die der typischen Reaktion des Geiger-Müller-Zählers auf Kernstrahlung entsprechen …« – Nach meinem Verständnis handelt es sich im englischen Original (»The curves corresponding to the typical reaction of nuclear radiation to Geiger-Müller-counts …«) um eine offensichtliche Vertauschung von Ursache und Wirkung. Ich kann aber nicht sicher ausschließen, daß Reich womöglich die Zählereignisse am Geiger-Zähler als Ursache und die Kernstrahlung als Wirkung angesehen hat. Für eine solche Interpretation spräche, daß Reich oben (Seite 63) die Schwellenspannung und ihr Variieren als abhängige Variable und die Impulsraten als unabhängige Variable aufgefaßt zu haben scheint. [C.R.] Seite 75 3. Absatz

»Es besteht ein selbstregulierendes, selbstladendes, aufsteigendes Prinzip in orgonotischen Prozessen.« – It is a self-regulatory, self-charging, stepping-up function in orgonotic functions. Seite 80 1. Absatz

»Wir erregen die Gasröhre durch ein bewegtes OR-Energiefeld konstanter Größe« – We excite the gas tube by a moving OR energy field which remains constant. Seite 80 7. Zeile v.u.

»Der jähe Anstieg der Impulsrate von 850 auf 1300 während der dritten Minute ist ein *nichtmechanischer, selbstregulierender, funktioneller Prozeß*, der auf der Fähigkeit eines erregten orgonoti- Seite 83 3. Zeile schen Systems beruht, gemäß dem orgonomischen Potential mehr und mehr Energie aus dem OR-Energieozean zu ziehen.« – Dieser Anstieg ist in Tabelle 11 (Seiten 76 f.) und in Abbildung 13 (Seite 81) dargestellt. Abbildung 11 (Seite 78) kann entnommen werden, daß es sich bei dem verwendeten Zählrohr GLC-11 um einen Typ handelt, dessen Plateau bei 700 bis maximal 850 Volt liegt.

Wenn die Spannung, wie hier geschehen, mit 950 Volt über das Plateau hinaus erhöht wird, kann es auch ohne Auslösung durch ionisierende Strahlung zum Zünden der Gasentladungen und sogar zum Dauerleuchten kommen: Das Zählrohr leuchtet dann im Inneren wie eine Glimmlampe oder Leuchtstoffröhre. Die Gasentladungen können als Dauerleuchten auftreten oder als Einzelblitze mit einer von der Hochspannung und der Beschaltung (Spannungsversorgung, Kabellängen, Kapazitäten, Widerstände etc.) abhängigen Blitzfrequenz (siehe Exkurs V). Im Fall des Dauerleuchtens würde der Geiger-Müller-Zähler *keine* Impulse anzeigen. Auf Dauer zerstören solche Gasentladungen das Zählrohr durch Veränderung der Gasfüllung und der Elektrodenoberflächen; bei selbstlöschenden Zählrohren kommt es darüber hinaus zum Abbau des Löschgases. Ein Zählrohr, das einmal im Gasentladungsbereich betrieben wurde, kann nicht mehr als verläßliches Strahlenmeßinstrument verwendet werden, da unvorhersehbares Verhalten, wie der zitierte »jähe Anstieg« wahrscheinlich wird. Weil das Verhalten des Zählrohres von der Höhe der Spannung abhängt, würden auch Spannungsschwankungen Effekte hervorrufen.

Aus der Versuchsbeschreibung geht nicht hervor, welche Hochspannungsversorgung in diesem Fall anlag. Sollte es sich dabei um die im Reich-Museum in Rangeley, Maine, ausgestellte Hochspannungsversorgung gehandelt haben, die über keine Spannungsstabilisierung verfügt, so muß man davon ausgehen, daß jede Spannungsschwankung des Stromnetzes direkt auf die Zählrate durchgeschlagen und sie beeinflußt hat. Beispielsweise würde ein sich einschaltender, vom selben Netz gespeister Kühlschrank soviel Strom ziehen, daß dadurch Spannungsschwankungen von 5 Prozent auftreten und damit die Hochspannung um ± 50 Volt schwanken kann; Schaltspitzen könnten noch weitaus größere Schwankungswerte erzeugen. [B.H.]

Elektronische Meßgeräte haben im allgemeinen einen eingeschränkten Einsatzbereich für relative Luftfeuchtigkeiten von 20 bis 80 Prozent. Besonders Geräte mit Hochspannungsversorgung, wie Geigerzähler und Röhrenverstärker, sind für Spannungsüberschläge empfindlich, die mit den Isolationsmaterialien der 40er Jahre kaum vermeidbar waren, sobald die relative Luftfeuchte bei einem starken Regen an die 100 Prozent heranging, einen leitenden Wasserfilm auf Oberflächen bildete und sogenannte Kriechströme auftreten. [B.H.] Seite 87 2. Absatz

»Somit ist das ›Altern‹ der Röhre nicht für den OR-Effekt verantwortlich.« – Reich unterstellt hier einen linearen Alterungseffekt, was aber nicht vorausgesetzt werden kann. [B.H.] Seite 87 3. Absatz

»Das Wesen dieses stufigen Verhaltens ist noch rätselhaft. Allerdings ist der *sprunghafte* Charakter dieses Phänomens offensichtlich bedeutsam im Hinblick auf mögliche numerische *Relationen beim Funktionieren* der kosmischen OR-Energie.« – The nature of this intermittent behavior ist still obscure. However, the *intermittent* character of this phenomenon is obviously important with regard to possible numerical *levels in the functioning* of cosmic orgone energy. Seite 87 3. Absatz

Seine Pendelversuche beschreibt Reich in *Das Oranur-Experiment. Zweiter Bericht* am Ende von Kapitel 3.[41] Ein experimenteller Nachvollzug und eine Diskussion finden sich bei Wengel.[42] [C.R.] Seite 87 3. Absatz

»Doch wenn beide Beobachtungen stimmten …« – Still, if both facts were true … Seite 89 1. Absatz

Seite 90
2. Absatz
»Eine Versuchsreihe führte zu dem allgemeinen Eindruck, daß Kinder eine höhere Rate als ältere Leute hatten, emotional träge Individuen eine langsamere Rate als sehr lebhafte.« – Das ist eine kühne, nicht einfach zu belegende Vermutung; um sie zu überprüfen, wären kontrollierte Zeitreihenuntersuchungen mit einer größeren Anzahl von Versuchspersonen nötig. Dabei müßte im übrigen auch ausgeschlossen werden, daß der gemessene Effekt nicht von Gewicht und Größe der Versuchsperson, dem Isolationswiderstand der Schuhe, der Luftfeuchtigkeit oder der Feuchtigkeit der Hand am Kabel usw. bestimmt wird. Es ist zu erwarten, daß all diese Faktoren bei kapazitiven Effekten eine Rolle spielen. [B.H.]

Seiten 90 f.
3. Absatz
Reich besaß seit 1944 einen Oszillographen (ein elektronisches Anzeigegerät zur Darstellung von Amplitude und Frequenz elektrischer Signale), verwendete diesen aber nicht so, wie dies vorgesehen ist, sondern beobachtete, wie ein geräteeigener Takt verstimmt wurde, wenn an den Eingang leitende Materialien ohne Massekontakt (»Erde«) angeschlossen werden. Es scheint, daß durch die unterschiedlichen Kapazitäten von unterschiedlichen Gegenständen oder Personen ein interner Schwingkreis verändert werden konnte. [B.H.]

Seite 94
Zeilen 22 ff.
Gemeint sind Anode und (Glüh-)Kathode einer Verstärkerröhre. Solche Röhren steuern als Strom- bzw. Spannungsverstärker mit einem schwachen Strom oder geringer Spannung am Gitter (Eingang) einen stärkeren Strom bzw. eine größere Spannung an der Anode (Ausgang) und entsprechen in ihrer Funktionsweise den heutigen Transistoren. [B.H.]

Seiten
98-103
Die angeführten Versuche sowie die daraus abgeleiteten Fragen und Schlußfolgerungen sind bestenfalls als kurios zu bezeichnen. Träge Volt- und Amperemeter-Zeigerinstrumente sind ebenso ungeeignet, kurze Impulse zu messen, wie eine Glühbirne. Es ist

wahrscheinlich nur noch ein psychologisch zu erklärendes Rätsel, weshalb Reich bei diesen Versuchen nicht seinen Oszillographen eingesetzt hat. [B.H.]

Exkurs VI
Über die VACOR-Experimente

Seiten 105-109

Ausgehend von der Überlegung, daß Geigerzählrohre zu den Vakuumröhren gerechnet werden, versuchte Reich im VACOR-Experiment, das Zählrohr durch Vakuumröhren mit niedrigerem Restgasdruck zu ersetzen. Er verwendete verschiedene Vakuumröhren eines Herstellers von Unterrichtsmaterialien für den Physikunterricht in Schulen. Die Röhren sind im Reich-Museum ausgestellt und waren für unterschiedliche Versuche konzipiert. Eine der Röhren (Abbildung 7, Seite 32) besaß im Inneren ein bewegliches Schaufelrad (ähnlich einem Wasserrad), mit dem die kinetische Energie der Ionen und Elektronen im elektrischen Feld bei niedrigem Gasdruck demonstriert werden konnte. Ihr Leuchten bei angelegter Hochspannung ist nicht gleichmäßig verteilt, sondern zeigt mit dem Abwechseln von hellen und dunklen Abschnitten (Glimmlicht und Dunkelräume) das charakteristische Erscheinungsbild der Gasentladung. Auch die im Reich-Museum gezeigten Filmaufnahmen dieser sowie der in Abbildung 6 gezeigten und auf *Seiten 107 f.* näher beschriebenen Röhre lassen deutlich erkennen, daß es sich hierbei um Gasentladung handelt. Reich betrieb die erstere Röhre mit 1500 Volt. Nach dem Paschen-Gesetz (siehe Exkurs V) würde diese Röhre mit ihrem Elektrodenabstand von 18 cm und Luft als Restgas bei einem Innendruck von $1{,}1 \cdot 10^{-2}$ hPa ein Glimmleuchten zeigen. Reichs Angabe des Innendrucks mit umgerechnet $6{,}7 \cdot 10^{-4}$ hPa bezieht sich auf den Zeitpunkt der Herstellung. Der Innendruck von Vakuumröhren verändert sich bei langer Lagerung durch sogenanntes Nachgasen, also Diffusion von Gasen (vor allem Wasser-

Seiten 105-109 stoff und Helium) durch den Glaskolben oder durch Eindringen von Luft über mikroskopische Fehler, vor allem an den Metalldurchführungen durch das Glas, und durch Ablösen von vorher gebundenen Molekülen aus dem Glas oder dem Metall im Inneren. Das Nachgasen wird durch die »Leckrate« in $hPa \cdot l \cdot s^{-1} \cdot cm^{-2}$ beschrieben; Vakuumröhren in der Technologie der 1970er Jahre hatten typische Leckraten von 10^{-14} $hPa \cdot l \cdot s^{-1} \cdot cm^{-2}$. Reich sieht das Leuchten in seinen Röhren nicht von Anfang an, sondern erst nach längerer, zum Teil mehrjähriger Lagerungszeit. Wenn davon ausgegangen wird, daß die hier gezeigte Röhre ein Jahr alt war, so hätte eine Leckrate von $4 \cdot 10^{-13}$ $hPa \cdot l \cdot s^{-1} \cdot cm^{-2}$ ausgereicht, um Glimmlicht zu ermöglichen. Dieser Wert ist nur wenig schlechter als der von 1970, und bei den technologischen Problemen der 1940er Jahre durchaus zu erwarten. Damals war das große technologische Problem der Metalldurchführung durch Glas noch nicht befriedigend gelöst. In Reichs Röhren waren die Durchführungen mit einem Glaslot aus gelbem Uranglas an den Kolben angelötet. Das Uranglas könnte durch ionisierende Strahlung die Zündung einer Glimmentladung zusätzlich erleichtert haben. Reichs Argument, das Leuchten müsse Orgon sein, weil es bei 0,5 micron kein Glimmlicht gäbe, ist aus den beschriebenen Gründen wenig stichhaltig, da schlüssig nachgewiesen werden müßte, daß die Röhre *nicht* nachgegast ist. Umgekehrt ist es als plausibler Beweis zu werten, daß Nachgasen stattgefunden hat, wenn nach langer Lagerzeit einer Röhre ein Leuchten auftritt. [B.H.]

Seite 111 unten In Unterpunkt a) der Experimentbeschreibung zur 7. Frage schreibt Reich: »Das Abspreizen des Elektroskopblättchens kann nur mit einer negativen unipolaren Spannung bewirkt werden. Positive Spannung allein ergibt keine elektroskopische Ladung.« Hieraus wird ersichtlich, daß Reich eine Hochspannungsquelle verwendete, die gegenüber dem Bezugspotential eine negative Hochspannung erzeugte, das heißt, der positive Pol war die Erde, also das Massepotential. Der Masseanschluß der Spannungsquelle hat also keinen Potentialunterschied zur Umgebung, wohl aber der negative Hochspannungsanschluß. Entsprechend verhalten sich alle Versuchsergebnisse genau so, wie dies aus Sicht der Elektrizitätslehre zu erwarten wäre: Keines der Versuchsergebnisse erfordert die Einführung unbekannter Parameter, geschweige denn einer neuen Energieform. [B.H.]

»Das gesamte Fundament der gegenwärtigen Astrophysik« wegen dieser Vakuumröhre zur Disposition stellen zu wollen, ist wohl nicht angebracht. Bedenken wir, daß Reichs Vakuumröhre bei einem Restgasdruck von 0,5 µm Hg zum Zeitpunkt der Herstellung immerhin noch 10^{17} Moleküle enthielt. – Reich gibt im englischen Original den Druck in µ, µm oder micron an und meint damit Mikrometer Quecksilbersäule. 0,5 µm Hg entspricht $6{,}7 \cdot 10^{-4}$ hPa. Hektopascal (hPa) ist die aktuelle physikalische Einheit des Gasdruckes. [B.H.] Seite 113 2. Absatz

»Einige von ihnen verlaufen allen anerkannten Regeln der elektromagnetischen Energie zuwider.« – Die Leistung von Impulsen ist das Produkt von Spannung und Strom über die Zeit. Um sie zu messen, hätte Reich nicht eine Glühbirne oder Zeigerinstrumente benützen dürfen (die zu reaktionsträge und deshalb völlig ungeeignet sind), sondern hätte seinen 1944 erworbenen Oszillographen an den Ausgang des Geiger-Müller-Zählers anschließen müssen. Dann hätte er die Ausgangsimpulse sehen und messen können. Wiederum stellt sich die Frage, weshalb sich Reich mit einer völlig unzureichende Meßtechnik zufriedengibt. Daß es *nur* Unkenntnis der einfachsten »anerkannten Regeln« allein ist, möchte man fast nicht glauben. Vielleicht war eine Art Ahnung im Spiel, daß der Oszillograph eine Falsifikation seiner Erklärungen liefern würde. [B.H.] Seite 116 Mitte

Orgonenergie als Elektrosmog. – Reich beschreibt hier einen zweiten Typ des Orgonmotors, bei dem er an den Eingang des Seiten 120-124

Geigerzählers nicht das vorgesehene Zählrohr anschließt, sondern einen einfachen Draht (Antenne). Entsprechend ist auch die Hochspannungsversorgung für das Zählrohr abgeschaltet. An den Ausgang des Zählerapparates schließt er ein Neonglimmlämpchen und einen Impulszähler mit einem Zeiger an, der sich im Kreis dreht (»Motor«). Der elektrische Schaltplan dieses Zählapparates ist in Abbildung 26 (Seite 120) dargestellt. An ihm ist abzulesen, daß am Eingang ein Hochpaßfilter eingefügt ist, der dem Zählapparat ermöglicht, die kurzen Zündimpulse eines Zählrohres von der Hochspannungsversorgung zu trennen. Wenn Reich an diesen Hochpaßeingang einen Draht anschließt und diesen Draht berührt, passiert folgendes: Der Netztransformator der Spannungsversorgung des Apparats hat ein elektromagnetisches Streufeld um sich (Elektrosmog), das von Antenne, Körper oder anderen leitenden Objekten aufgefangen wird. Das schwache Wechselsignal geht durch den Hochpaßfilter und wird von den Verstärkerröhren des Zählers verstärkt und in starke Impulse umgeformt, die am Ausgang durch Glimmlampe und Zeiger angezeigt werden. Wer das selbst ausprobieren möchte, nehme einen Draht in die Hand und stecke ihn in den Eingang seiner Stereoanlage. Der dann zu hörende charakteristische Brummton (»Netzbrumm«) mit 50 Hz entspricht genau dem, was Reich als Antwort auf die 11. Frage von Seite 119 erhält. Dieses »kräftige Geräusch« macht weder Körperenergie hör- und meßbar, noch treibt hier Orgon einen Motor an. Daß Reich (Antwort zur 14. Frage, S. 121) »ungefähr 3000 cpm« registriert, ist im übrigen nicht verwunderlich. Wahrscheinlich waren es genauer 3600 cpm – was dem amerikanischen Stromnetz entsprechen würde, das mit 60 Hz Wechselspannung arbeitet. Auch die Antwort auf die 17. Frage macht deutlich: Was hier als Orgonenergie ausgegeben wird, ist Elektrosmog. [B.H.]

Seite 124 1. Zeile »eine konstant höhere Temperatur in lebenden Organismen« – Warum Reich die im Vergleich zur Umgebung höhere Temperatur von lebenden Organismen als Beweis für die Existenz der Orgonenergie ansieht, ist rätselhaft. Daß der Abbau der an chemischer Bindungsenergie reichen Nahrungsstoffe (Fette, Kohlenhydrate und Eiweiße) zu den energiearmen Verbindungen Kohlendioxyd und Wasser mit Energiefreisetzung einhergeht, die sich teilweise in Wärme äußert, ist Gemeingut. Reich weiß das sehr wohl, nimmt er doch in *Der Krebs* ausdrücklich auf die Arbeiten von Cori und Warburg Bezug. Wenn er in Kenntnis dieser im Organismus ablaufenden chemischen Prozesse meint, zur Erklärung der Körpertemperatur eine spezielle Lebensenergie – Orgon – postulieren zu müssen, ist ihm offenbar entgangen, daß diese chemischen Vorgänge nicht allein stoffliche Umwandlungen, sondern auch Energieumwandlungen sind, die die gegenüber der Umgebung höhere Körpertemperatur ohne weiteres erklären. – Eine Widerlegung dieser biochemisch-energetischen Erklärung der Körpertemperatur habe ich bei Reich jedenfalls nirgends finden können. [C.R.]

Seiten 126 f.

Über die elektroskopische Orgonmessung wird in *Der Krebs* berichtet (Seite 145 ff.). Das kr^x-System bezeichnet eine geometrische Reihe auf der Basis der Zahl vier: 1, 4, 16, 64, 256, 1024 …

Näheren Aufschluß über den systematischen Stellenwert dieser Reihe im Denken Reichs geben einige Ausführungen zum orgonomischen Pendelgesetz in *Das Oranur-Experiment. Zweiter Bericht*, Kapitel 3, letzter Abschnitt.[43] [C.R.]

Seite 129
2. Absatz

»lag die Impulsrate bereits um 200.000 cpm« – Das entspricht einer Frequenz von 3,3 kHz. [B.H.]

Seiten 131 f.

Zur schulmedizinischen Auffassung der Strahlenkrankheit vgl. Exkurs VII. [C.R.]

Seite 135
3. Absatz

»gut«/»böse« und »Gott«/»Teufel« sind im Englischen homophon: »good«/»evil« und »god«/»devil« [C.R.]

Seite 136
2. Absatz
»emotionale Funktionen, die in einem tiefen biophysikalischen Sinn tatsächlich physikalische Funktionen sind« – emotional functions, which are, in a deep biophysical sense, truly physical functions.

Seite 136
2. Absatz
»Die Or-Energie hat niemals eine krankmachende Wirkung auf lebende Organismen gezeigt … « – Reichs Ausführungen zu diesem Punkt sind nicht ganz einhellig. In seiner Broschüre zur Anwendung des Orgonakkumulators spricht er von »überladenen Biopathien«, die durch einen chronischen Überschuß bioenergetischer Ladung gekennzeichnet seien;[44] er warnt aber im selben Text auch vor unangenehmen Wirkungen einer Orgonüberbestrahlung durch zu lange Benutzung des Akkumulators. Im Zusammenhang mit Leukämie erwähnt er eine ungeheuere Überladung der roten Blutkörperchen mit Orgonenergie, die jedoch andererseits energetisch geschwächt seien.[45] Hinsichtlich möglicher weiterer Inkonsistenzen seiner Begrifflichkeit Überladung / Unterladung und Ladung / Entladung siehe den Kommentar zu Seite 145. [C.R.]

Seite 137
Tabelle 14
Die analoge Gleichsetzung von: OR-Energie – Lebensenergie – das Gute – Gott findet sich auch in Reichs *Äther, Gott und Teufel.* [B.H.]

Seite 137
2. Absatz
»Wenngleich diese Zuordnung … den kommenden Entwicklungen zu dienen.« – Though no more than a useful framework of thought, this coordination provided a perfect base of operation and a safe guiding line into the dark realms of a dangerous unknown. Its general human and scientific basis seemed broad and firm enough to serve as a reliable outlook onto things to come.

Seite 137
4. Absatz
»Um es geradeheraus zu sagen … und hinsichtlich Oranur im besonderen.« – These events, to say it bluntly, represented a severe knockout blow in many directions: With respect to physical func-

tions, with respect to the crucial breakthrough into the concrete experimentation, and with respect to Oranur particularly.

»Koreakrise« – Korea war nach dem Zweiten Weltkrieg von US-amerikanischen (im Süden) und sowjetischen Truppen (im Norden) besetzt worden. Nordkorea, wo Kim Il Sung sein diktatorisches Regime zu errichten begann, verweigerte einer UN-Kommission zur Kontrolle freier Wahlen 1947 die Einreise. Zu freien Wahlen kam es dann lediglich in Südkorea, das zur Republik ausgerufen und als Staat von der UNO anerkannt wurde. Als 1950 Südkorea durch Nordkorea überfallen wurde, schickte der UN-Sicherheitsrat, der Nordkorea zum Aggressor erklärt hatte, eine Interventionsarmee unter Beteiligung von 15 Staaten Südkorea zu Hilfe. Nachdem diese Armee im September 1950 die nordkoreanischen Truppen zurückwarf und bis weit nach Nordkorea eindrang, griffen angebliche »Freiwilligenverbände« aus der VR China auf Seiten Nordkoreas in den Krieg ein. Der Befehlshaber der UN-Armee, General MacArthur, verlangte daraufhin die Vollmacht zur Bombardierung der chinesischen Nachschubbasen und Flughäfen. US-Präsident Truman, der einen dritten Weltkrieg fürchtete, berief MacArthur ab und schob der weiteren Eskalation einen Riegel vor. Der Krieg wurde zu einem Stellungskrieg am 38. Breitengrad und zog sich bis 1953 hin. Der Waffenstillstand von Panmunjom besiegelte die Teilung Koreas. [C.R.] Seiten 138 f.

»wie hoch die absolute Zählrate pro Minute (cpm) ist« – Zwar kann man angeben, daß beispielsweise in 1 Milligramm Radium pro Sekunde 37 Millionen Atome zerfallen. Aber die *absolute Zählrate* einer bestimmten Strahlenquelle anzugeben, ist technisch unmöglich: Gemessene Zählraten sind immer messungsrelativ. Wieviele Impulse pro Minute eine Strahlenquelle in einem Zählrohr auslöst, ist vom Meßgerät (Typ des Zählrohrs) und den Meßkonstellationen (z.B. der Entfernung zur gegebenen Strahlenquelle) abhängig. [B.H.] Seite 141, 1. Absatz

Seite 143 1. Absatz SU-5-Feldmeßgerät – Ein tragbarer Zähler für Beta- und Gammastrahlung der Firma Tracerlab, der über einen Umschalter entweder Impulse pro Minute (counts per minute, cpm) oder mr/h (Milliröntgen pro Stunde) anzeigen kann, wobei ein fester Umrechnungsfaktor gegeben ist, der gelegentlich an einer Prüfstrahlenquelle nachkalibriert werden muß. Daß Reich in der einen Messung 70 cpm und in der anderen 150 cpm mit jeweils 0,016 mr/h vergleicht, läßt darauf schließen, daß ihm die Tatsache des festen Zusammenhanges zwischen beiden Größen nicht bekannt war. Zugleich ist an diesen Zahlen die Fehlertoleranz seiner Meßwerte abzulesen. Sie muß bei kurzer Meßdauer und Zählraten in der Größenordnung der Hintergrundstrahlung mit mindestens ± 60 Prozent veranschlagt werden.

Das SU-5 ist im Reich-Museum in Rangeley, Maine, USA ausgestellt. [B.H.]

Seite 144 4. Zeile v.u. »Ebenso stieg die Ionendosis von den anfänglichen 0,016 auf 0,02 und 0,04 mr/h am zweiten Tag an.« – Auf den ersten Blick scheint es sich beim englischen Originalwortlaut (»Also, the MR/H went up from 0,016 to 0,02 and 0,04 on the second day«) lediglich um einen etwas saloppen Sprachgebrauch zu handeln (den wir in der Übersetzung präzisiert haben). Ungefähr so, wie man in Verbindung mit Autos von »den PS« spricht, wenn man von der Leistung redet. Diese Redeweise scheint Reich zu einem Fehlschluß verführt zu haben: Indem er, tunlichst das Wort »Ionendosis« vermeidend, von der Maßeinheit spricht, anstatt sich auf die Meßgröße zu beziehen, täuscht er sich über die Tatsache hinweg, daß sein Gerät weiterhin Ionisierungsereignisse gemessen hat. Eine Ionisierung hätte es jedoch nach der von ihm vorgeschlagenen Interpretation gar nicht mehr geben dürfen. Er hatte nämlich seine Beobachtung des fehlenden Elektroskopausschlags dadurch erklären wollen, daß das Blei die ionisierende Wirkung des Cobalts ausgelöscht habe. [C.R.]

»Das ^{60}Co wurde in den ›discharge funnel‹ gesteckt« – *funnel* kann sowohl »Trichter« wie auch »Abzug« bzw. »Schacht« heißen. Beides könnte hier gemeint sein. Zum erwähnten OR-Shooter gehörte ein Trichter. Der OR-Shooter ist ein handlicher, kleiner Orgonakkumulator, aus dessem Inneren heraus ein biegsames, hohles Eisenkabel führt, das mit einem eisernen Trichter verbunden ist. Dieser Trichter wird über Körperstellen gehalten, die gezielt mit Orgonenergie bestrahlt werden sollen, beispielsweise Verletzungen. Die im Innern des kleinen Akkumulators konzentrierte Orgonenergie soll mittels des Trichters genau auf die zu behandelnde Stelle geleitet werden.[46] Seite 145 Absatz 3 f.

Daß hier ein solcher Trichter gemeint ist, dagegen spricht einerseits, daß von einem »discharge funnel« die Rede ist; aus den Angaben zur Funktionsweise des Shooters geht jedoch hervor, daß es sich um einen Orgon*ladungs*prozeß und nicht um eine *Entladung* handeln soll. (Entladungen des Organismus von umgewandelter, tödlicher Orgonenergie – DOR – strebte Reich erst später mit einem anderen Gerät an, dem DOR-Buster).[47] Andererseits scheinen aber Reichs Vorstellungen davon, was er als Ladung und was er als Entladung betrachten wollte, zu diesem Zeitpunkt noch vorläufig gewesen zu sein, wie an seinen Anmerkungen zur Leukämie abzulesen ist. Auch die Formulierung, daß das Cobalt in den »funnel« und in den Shooter gebracht wurde, spricht dagegen, daß der Shooter-Trichter gemeint ist: Steckt das Cobalt im Shooter, kann es kaum im dazugehörigen Trichter stecken, der sich ja außerhalb desselben befindet.

Vielleicht bezeichnet deshalb der »discharge funnel« tatsächlich einen Abzugskanal. Reich mag durchaus im Rahmen seiner Sicherheitsvorkehrungen zur Handhabung flüssiger Radioisotope (geplante Injektion von radioaktivem Phosphor in Mäuse) einen Arbeitsplatz mit Abzug eingerichtet haben, wie es beim Umgang mit gefährlichen Substanzen üblich ist, die verspritzen oder verdunsten können. Allerdings findet sich auf eine solche Einrichtung nirgends ein Hinweis, während Reich sonst seine

Sicherheitsmaßnahmen auch im einzelnen mehrfach erwähnt. [C.R.]

Seite 146 1. Zeile »Die Impulse pro Zeiteinheit waren *nicht* konstant« – Abweichungen dieser Größenordnung sind nicht ungewöhnlich, wenn nicht strengste Standardisierungen der Meßanordnung vorgenommen werden. Beispiel für eine mögliche Fehlerquelle: Die Intensität der Strahlung nimmt mit dem Quadrat der Entfernung von ihrer Quelle ab. Eine Strahlenquelle, die in 10 Millimeter Abstand 5000 cpm erzeugt, würde in 12 Millimeter Abstand nur noch 3500 cpm und in 8 Millimeter Abstand hingegen 7800 cpm, also über das Doppelte, hervorrufen. [B.H.]

Seite 146 2. Absatz »Seine ionisierende Wirkung hatte es vor langem durch den OR-Einfluß verloren.« – Leider bleibt Reich den Beweis dafür schuldig. Die Tatsache, daß die Probe immer noch sehr stark leuchtete, deutet bis zum Nachweis des Gegenteils darauf hin, daß die ionisierende Strahlung doch vorhanden war. [B.H.]

Seite 146 2. Absatz »Dies schien eine hohe Rate zu sein für weniger als ein Mikrogramm Radium, verglichen mit 5000 cpm bei 2,26 Mikrogramm ^{60}Co.« – Wieviel Cobalt hier verwendet wurde, wird nicht ganz klar. Einem Gramm ^{60}Co wohnt eine Zerfallsrate von 50 Curie inne. Die oben (Seite 143) angeführte Cobaltlieferung von 2,26 x 10^{-5} Millicurie ^{60}Co hätte demnach ein Gewicht von lediglich 22,6 Nanogramm gehabt. Die hier angegebenen 2,26 Mikrogramm ^{60}Co hingegen hätten eine Zerfallsrate von 113 Mikrocurie. Später wiederum (Seite 159, 4. Absatz) ist von 2,26 Mikrocurie die Rede, die angeblich (Seite 157, 3. Absatz) von 2 Mikrogramm ^{60}Co ausgegangen sein sollen. [C.R.]

Seiten 146 f. »Wir mußten annehmen … daß der Radiumgehalt von Zifferblättern in etwa gleich ist.« – Ende der zwanziger Jahre wurde bekannt, daß bei Zifferblattmalerinnen Krankheiten auftraten, die offensichtlich darauf zurückgingen, daß die von ihnen aufgetragene Farbe Radium enthielt. Es könnte ohne weiteres sein, daß die Industrie den Radiumgehalt in den Farben aus diesem Grund in jenen Jahren nach und nach reduziert hat. Erst seit Mitte der sechziger Jahre wurden in Armbanduhren im allgemeinen keine radiumhaltigen Leuchtfarben mehr verwendet. [C.R.]

Exkurs VII
Die Oranur-Krankheit: Auswirkungen von ionisierender Strahlung auf Lebewesen

Reich entwickelt in seinem Bericht über das Oranur-Experiment eine eigenwillige Sichtweise der Wirkungen von Kernstrahlung auf Tiere und Menschen. Sowohl sein experimenteller Umgang mit radioaktiven Substanzen als auch die von ihm am Ende von Kapitel 5 und in Kapitel 6 diskutierten Nutzanwendungen werden dem heutigen Leser wahrscheinlich befremdlich erscheinen. Für uns, die wir unter dem Eindruck der Spätfolgen von Hiroshima/Nagasaki, Harrisburg und Tschernobyl stehen und z.T. in den fünfziger und sechziger Jahren den Fallout der Atomtests buchstäblich mit der Muttermilch aufgenommen haben, mögen diese Experimente auf den ersten Blick sogar aberwitzig erscheinen. Man muß jedoch berücksichtigen, daß Kenntnisse über die Radioaktivität damals – obwohl bereits fünf Jahre seit Hiroshima vergangen waren – noch ausgesprochen dürftig waren; in einem Ausmaß dürftig, das man sich heute kaum noch vorstellen kann. Bevor eine Darstellung der Strahlenkrankheit aus heutiger Sicht erfolgt, wird daher ein kurzer historischer Überblick gegeben, aus dem hervorgeht, was Reich zur Zeit des Oranur-Experiments im besten Falle über die Radioaktivität hat wissen können. Im Wege stand damals nicht nur, daß Erkenntnisse langsam vorankamen – namentlich solche über Strahlen-Spätfolgen –, sondern auch, daß viele Erkenntnisse zur Strahlenbiologie im Rahmen militärischer

Seiten 147-231

Seiten 147-231 Projekte gewonnen worden waren und im aufkommenden Kalten Krieg unter Verschluß gehalten wurden. Manches wurde erst nach Jahren oder gar Jahrzehnten der wissenschaftlichen Öffentlichkeit zugänglich gemacht.[48]

Inwieweit Reich das, was zu jenem Zeitpunkt bereits bekannt und zugänglich war, auch gewußt hat, läßt sich schwer sagen. Reich erwähnt hier wie auch anderswo in seinen späteren Schriften kaum Quellen; zu Fragen der Strahlenkrankheit oder biologischen Wirkungen von Strahlen nennt er nicht einen einzigen Titel. Auf welche Forschungen sich Reich gestützt hat, wäre sicherlich anhand der Literatur zu eruieren, die seine Bibliothek enthält. Sie wird in Orgonon aufbewahrt und ist noch weitgehend erhalten. Sie aufzusuchen war mir bislang leider noch nicht möglich.

Mitte des 16. Jahrhunderts fiel dem Gemeindearzt von Joachimsthal im Erzgebirge auf, daß unter den dort im Silberbergbau tätigen Bergleuten häufig eine »schreckliche Schwindsucht« vorkam, die die Lungen aufzehrte und zum vorzeitigen Tod führte. Er brachte diese Erkrankung bereits mit dem Erzstaub unter Tage in Verbindung.

1789 entdeckte man in der Pechblende – wie das Erz aus Joachimsthal genannt wurde – ein bisher unbekanntes, metallisches Element und nannte es Uran. 1896 entdeckte H. Becquerel aufgrund einer Schwärzung von lichtdicht verpackten Fotoplatten, daß vom Uranerz eine unsichtbare, durchdringende Strahlung ausgeht, welche später als radioaktive Strahlung bezeichnet wurde.

Bereits 1879 hatte sich herausgestellt, daß es sich bei der »schrecklichen Schwindsucht« der im Pechblendeabbau tätigen Bergarbeiter um Lungenkrebs handelte. In einem Bericht aus dem Jahre 1932 wurde festgehalten, daß etwas mehr als die Hälfte der Joachimsthaler Bergleute an Lungenkrebs starb. Das war weit mehr als in Bergbaugebieten, in denen kein radioaktives Erz gefördert wurde, so daß die Strahlung als wahrscheinliche Ursache angesehen werden konnte. Auch die Hautkrebsrate war bei den Hauern erhöht. Aus diesen Gründen wurden in den dreißiger Jahren in der Tschechoslowakei und in den vierziger Jahren auch in französischen Uranbergwerken Lüftungsanlagen angebracht, um die Belastung mit radioaktivem Staub zu vermindern. In den USA gab es Anfang der fünfziger Jahre noch keine technischen oder gesetzlichen Schutzmaßnahmen für Arbeiter im Uranabbau. Noch in einer 1951 erschienenen Broschüre der AEC über den Uranbergbau hieß es, daß die »im Gestein vorhandene Radioaktivität für Menschen nicht gefährlich ist, wenn sie nicht über sehr lange Zeiträume hinweg in unmittelbarem Kontakt mit der Haut gehalten wird«. Erst 1960 wurden epidemiologische Untersuchungen eingeleitet, die 1962 zum Nachweis eines erhöhten Lungenkrebsrisikos auch bei den US-amerikanischen Uranerzhauern führten. Dies wurde 1964 für langjährig im Uranbergbau Tätige präzisiert: Ihr Lungenkrebsrisiko war auf das Zehnfache gesteigert. Erst 1971 wurden nach langen Debatten die fälligen Konsequenzen gezogen.

1895 hatte Röntgen die später nach ihm benannten »X-Strahlen« entdeckt. In den folgenden Jahren setzte ein wilder Boom in der Anwendung dieser Strahlen ein – zu diagnostischen und zu therapeutischen Zwecken, aber auch zur Volksbelustigung, etwa auf Jahrmärkten. Die Geräte waren frei käuflich; Schutzmaßnahmen wurden in jenen ersten Jahren nicht getroffen. Daß Anwendungen zu diagnostischen oder therapeutischen Zwecken stundenlang dauerten, war nicht ungewöhnlich; die Liste der Erkrankungen und Beschwerden, bei denen Röntgenstrahlen eingesetzt wurden, liest sich aus heutiger Sicht haarsträubend; sie reichte bis zu harmlosen Befindlichkeitsstörungen und Schönheitsmängeln. Verbrennungen übelster Art, die nicht selten zu Amputationen von Gliedmaßen oder zum Tod führten, waren sowohl bei den Patienten als auch bei den Anwendern die Folge. Nachdem ein Zusammenhang zwischen den Verbrennungen und

Seiten 147-231 der Strahlung anfangs von einigen Enthusiasten geleugnet wurde, bequemten sich viele schließlich doch zu einem etwas zurückhaltenderen Einsatz und einfachsten Schutzmaßnahmen für das Personal, so daß die Berichte über schwere Verbrennungen ab Anfang dieses Jahrhunderts zunächst abnahmen. Der Einsatz von Röntgengeräten unter Behelfsbedingungen in den Feldlazaretten des Ersten Weltkrieges, wo Schutzmaßnahmen praktisch kaum durchzuhalten waren, führte jedoch zu einer zweiten großen Serie von Verbrennungsopfern, wobei wiederum sowohl Patienten als auch das Personal betroffen waren. Diese Strahlenopfer rückten in der Nachkriegszeit langsam ins Bewußtsein der Öffentlichkeit.

1898 hatte Marie Curie ein bisher unbekanntes, sehr stark strahlendes Element entdeckt, das Radium. Bis 1910 war es nur in geringen Mengen zu gewinnen und darum äußerst teuer; danach ermöglichte die Entdeckung großer Vorkommen in Nordamerika jedoch die breitere Anwendung. Außer zu Behandlungszwecken – auch hier mit einem sehr weit reichenden Einsatzgebiet – wurde Radium zur Herstellung von Leuchtfarben verwendet, die unter anderem in den Zifferblättern von Uhren eingesetzt wurden. In den zwanziger Jahren kam es zu einer Häufung von Todesfällen unter den – zumeist jungen – Zifferblattmalerinnen. Darüber hinaus war aufgefallen, daß diese häufig an Erkrankungen der Kieferknochen litten. Autopsien bei einigen verstorbenen Arbeiterinnen ergaben, daß die winzigen Mengen des bei der Arbeit aufgenommenen Radium nicht, wie man bislang annahm, den Körper rasch auf natürlichem Wege wieder verlassen, sondern sich in verschiedenen Geweben angereichert hatten. Aufgrund seiner chemischen Eigenschaften, die denen des Calcium ähneln, setzte sich das Radium besonders im Knochen fest und führte dort sowohl zu Knochentumoren als auch zu Knochenschwund. Viele litten an Knochenbrüchen, die spontan, das heißt ohne besondere Belastung auftraten. Auch das unmittelbar benachbarte blutbildende Knochenmark wurde verstrahlt; dies führte zu Blutarmut und einer Abwehrschwäche, der die Patientinnen meist erlagen, zu Krebserkrankungen des Knochenmarks und zu Leukämie. Seiten 147-231

Eine Beobachtung aus dieser Zeit verdient hier Erwähnung. Es ist eine Beobachtung, die auch Reich beschäftigte. Dem Erstbeschreiber der Radium-Strahlenkrankheit war aufgefallen, daß der Anschein ausgezeichneter Gesundheit ein frühes Symptom der Radiumvergiftung sein kann. Der Körper produziere anfangs viel mehr rote Blutkörperchen als gewöhnlich. Eine Zeitlang scheine das Opfer geradezu von blühender Gesundheit zu sein und fühle sich auch so; erst später würden die schädigenden Wirkungen merklich.

Ebenfalls in den zwanziger Jahren setzte eine weitere Todeswelle im Zusammenhang mit den Röntgenstrahlen ein. Opfer waren die Patienten und Behandler der ersten Jahre, die jetzt mit zwanzig- bis dreißigjähriger Latenzzeit Krebserkrankungen und Leukämien zum Opfer fielen. Dies führte dazu, daß 1928 ein internationaler Radiologenkongreß erstmals internationale Sicherheitsstandards verabschiedete, Regelungen, die beispielsweise die Dicke der Bleiabschirmungen für Röntgenröhren und für die Aufbewahrung von Radium betrafen. Diese Maßnahmen beruhten auf plausiblen Überlegungen, nicht auf systematischen Untersuchungen. Insofern waren sie willkürlich. Im übrigen gab es damals auch noch keine soliden Methoden, die Strahlungsintensität oder gar deren biologische Wirkung zu messen. Hinsichtlich der biologischen Wirksamkeit hatte man sich zunächst an dem Effekt orientiert, der kurzfristig und am augenscheinlichsten zutage trat – der Verbrennung. Man bestrahlte aus einer festgelegten Entfernung, bei festgelegter Stromstärke und -spannung an der Röntgenröhre den Oberschenkel eines Probanden so lange, bis das erste Stadium einer Verbrennung auftrat: die Hautrötung. Die Dauer bis zum Auftreten der Hautrötung wurde als Maß der sogenannten Erythemdosis verwendet. Diese »Einheit« unterlag jedoch verschiedenen Unwägbarkeiten: den geräteabhängigen Besonderheiten, den damals noch stärkeren Schwankungen der

Netzspannung sowie natürlich der von Mensch zu Mensch unterschiedlichen Hautempfindlichkeit. Bei verschiedenen Geräten und an verschiedenen Personen gemessene Erythemdosen konnten sich daher um bis zu 1000 Prozent unterscheiden.

Um diese Unsicherheiten zu vermeiden, wurde auf dem erwähnten Radiologenkongreß von 1928 eine physikalische Strahlungseinheit international verbindlich festgelegt, das sogenannte Röntgen, abgekürzt: r. Dabei machte man von der Eigenschaft der Röntgenstrahlen Gebrauch, beim Auftreffen auf Elektronen in der Hülle der Atome einzelne Elektronen aus dieser »herauszuschießen« und so ein ungeladenes Atom (oder Molekül) in ein geladenes Teilchen – ein Ion – zu verwandeln. Diese Eigenschaft teilt die Röntgenstrahlung mit der Alpha-, Beta- und Gammastrahlung der radioaktiven Stoffe und mit der kosmischen Strahlung. Aus diesem Grund nennt man diese Strahlenarten auch »ionisierende Strahlen«. Die durch ionisierende Strahlung in einem luftgefüllten Glaskolben (»Ionisationskammer«) erzeugten Ionen lassen sich mit Hilfe elektrischer Meßgeräte erfassen. Das ermöglicht, die Ionendosis von einem Röntgen zu definieren als diejenige Strahlung, die in einem Kilogramm Luft soviele Ionisierungen bewirkt, daß am angeschlossenen Meßgerät eine Ladungsmenge von 258 Mikro-Coulomb (Mikro-Ampere-Sekunden) gemessen wird. Daß hier eine so krumme Zahl in der Definition auftaucht, hat historische Gründe.

Im Jahre 1934 legte erstmals eine Organisation – das *US Advisory Committee on X-Ray and Radium Protection* – einen Grenzwert für Strahlenbelastung fest: 0,1 r pro Tag. Der Internationale Radiologenkongreß, der diese Dosiseinheit 1928 eingeführt hatte, verabschiedete im Jahr 1934 einen Grenzwert von 0,2 r pro Tag.

Grundsätzlich ist die Messung der Ionendosis in Röntgen für alle Arten ionisierender Strahlung möglich. Die meisten Meßgeräte – auch das SU-5-Beta-Gamma-Feldmeßgerät, das Reich benutzte – erlaubten damals jedoch nur eine Erfassung von Röntgen-, Beta-, Gamma- und kosmischer Strahlung. Alphastrahlung

ist schwerer zu messen, da ihre Reichweite extrem kurz ist. Seiten 147-231
Gerade die von manchen radioaktiven Substanzen ausgehenden Alphastrahlen sind jedoch wesentlich schädlicher als die anderen Strahlenarten, sofern solche Substanzen mit der Haut oder den Schleimhäuten in Berührung kommen oder gar über die Nahrung oder Atmung in den Körper aufgenommen werden. Die Messung der Ionendosis mit den üblichen Dosimetern führt aus diesem Grund, zumindest was Alphastrahlung aussendende Substanzen angeht, zu einer erheblichen Unterschätzung der biologischen Strahlenwirkung. Auch das von Reich verwendete Radium sendet Gamma- *und* Alphastrahlen aus. Reichs zweiter Geigerzähler, der Autoscaler, war mit dem dünnen Muskovit-Fenster auch zur Erfassung von Alphastrahlung geeignet.

Ein weiteres Manko dieser Meßmethode bestand darin, daß die Ionisierungsereignisse in der Luft gemessen werden, dieselbe Strahlung in anderen Stoffen hingegen – zum Beispiel im Körper – zu ganz anderen Ionisierungsraten führen kann.

Um diese Probleme zu bewältigen, wurden in den vierziger Jahren andere Wege der Dosismessung erprobt. Man kam der biologischen Wirkung der Strahlen näher, wenn man anstatt der erzeugten Ionenladungen die von der Strahlung in eine bestimmte Stoffmenge abgegebene Energie maß, die Energiedosis. Solche Messungen sind jedoch sehr viel schwieriger durchzuführen als die Messungen mit der Ionisationskammer. Die Einheit der Energiedosis, das »rad«, wurde erst 1953 von der Internationalen Kommission akzeptiert. Auch danach blieb jedoch über viele Jahre hinweg die Messung der Ionendosis (in Röntgen) die Standardmethode, weil sie leichter handhabbar ist.

Um der unterschiedlichen biologischen Wirksamkeit verschiedener Strahlenarten Rechnung zu tragen, wird die Energiedosis (in rad) mit einem Faktor für die **r**elative **b**iologische **W**irksamkeit (RBW) der jeweiligen Strahlung multipliziert; so erhält man die heute noch gebräuchliche, menschenbezogene Strahlendosis, die in rem (**r**adiation **e**quivalent **m**an) angegeben wird. Für

Seiten 147-231 Röntgen- und Gammastrahlen ist die RBW = 1, für Alphastrahlen hingegen ist ein Faktor von 20 zu verwenden. Der oben erwähnte, erstmals 1934 in den USA festgelegte Grenzwert der Strahlenbelastung von 0,1 r pro Tag entsprach ungefähr 30 rem pro Jahr. Seit 1985 gilt in den USA grundsätzlich ein Grenzwert von 0,1 rem, mit möglichen Ausnahmen bis 0,5 rem (jeweils pro Jahr). Mit anderen Worten: 1985 hielt man nur noch etwa ein Dreihundertstel der Grenzdosis von 1934 für unbedenklich.

Für die Armee von zuletzt 40 000 Technikern, Chemikern, Physikern und anderen Spezialisten, die seit 1941 in den USA unter der Tarnbezeichnung *Manhattan Engineer District* mit der Entwicklung der Atombombe beschäftigt waren, gab es daher bereits gewisse Sicherheitsstandards. Die Leitung des *Manhattan-Projekts* nahm die Einhaltung der Bestrahlungsgrenzwerte nicht auf die leichte Schulter: Den im Projekt beschäftigten Wissenschaftlern traute man weit eher zu, Schadensersatzforderungen erfolgreich durchzusetzen, als den Bergleuten im Uranerzabbau, denen man Schutzmaßnahmen und Strahlenbelastungsgrenzwerte lange Jahre vorenthielt und denen man sogar noch nach der Verabschiedung von Grenzwerten im Jahr 1971 weismachen wollte, sie hätten kein gesteigertes Lungenkrebsrisiko, solange sie in der Grube nicht rauchten.

Trotz der Sicherheitsmaßnahmen und der Grenzwerte gab es jedoch Strahlenunfälle, auch einige tödliche. Zu Kriegszeiten durfte hierüber – wie über alle Angelegenheiten in Verbindung mit dem hochgeheimen Manhattan-Projekt – nichts veröffentlicht werden. Intern wurde jedoch in den vierziger Jahren deutlich, daß die Grenzwerte aus der Vorkriegszeit viel zu hoch bemessen waren. Die nach dem Krieg wiederaufgenommene Diskussion um die Grenzwerte führte zwar schon 1947 zur Formulierung strengerer Belastungsgrenzwerte – 0,3 rem Röntgen- oder Gammastrahlung pro Woche für Arbeiter, die jünger als 45 Jahre waren, 0,6 rem pro Woche für ältere –, diese wurden jedoch aufgrund interner Querelen erst 1954 veröffentlicht. Sie hatten damals zunächst lediglich Empfehlungscharakter; gesetzliche Strahlenschutzbestimmungen traten in den USA erstmals 1957 in Kraft. Seiten 147–231

Für Radioisotope, die in den Körper aufgenommen werden und ihn von innen her bestrahlen, waren Grenzwerte noch schwieriger zu finden. Viele Radioisotope waren überhaupt erst in den vierziger Jahren beim Bau der Bombe entdeckt worden, und bevor ihre Schädlichkeit eingeschätzt werden konnte, mußte zunächst einmal herausgefunden werden, wie diese Stoffe in den Körper aufgenommen und wieder ausgeschieden werden und ob sie sich in bestimmten Organen oder Geweben besonders anreichern. Ein Bericht der Kommission, die Grenzdosisempfehlungen für inkorporierbare Radioisotope festlegen sollte, erschien erstmals 1953. Die von Reich (Seite 140) angeführten widersprüchlichen Angaben über die erforderlichen Sicherheitsmaßnahmen im Umgang mit Radioisotopen entsprechen also ganz offensichtlich der damals noch vorhandenen Unsicherheit auf diesem Gebiet und dem Fehlen verbindlicher Richtwerte.

Daß die Atombombe außer der im Moment der Explosion ausgesandten Strahlung auch eine gefährliche Menge radioaktiver Isotope freisetzen würde, war bereits 1940 vermutet worden. Die Atombombe wurde jedoch nicht dazu entwickelt, um das Gebiet des Kriegsfeindes radioaktiv zu verseuchen. Man wollte eigentlich »nur« eine Bombe mit wesentlich höherer Sprengkraft, mit der man mit einem Schlag größere Truppenteile, Industrieanlagen oder Häfen zerstören konnte. Die radioaktive Verseuchung war keineswegs der Zweck, sondern eine unbeabsichtigte »Nebenwirkung«. Kurz vor dem ersten Atombombentest im Juni 1945 hatten neue Berechnungen ergeben, daß die Freisetzung radioaktiver Stoffe wohl einen größeren Umfang annehmen würde als ursprünglich angenommen. Daraufhin wurden Evakuierungspläne für die Umgebung des Testgeländes bei Alamogordo in New Mexico aufgestellt. Die Radioaktivität im Bombenkrater war in der Tat höher als erwartet; in der Umgebung jedoch gab es bis auf einige örtliche Häufungen radioaktiven Niederschlags, die glücklicherweise in unbewohnten Gebieten auftraten, keine besorgniserregenden Meßwerte, so daß man die Messungen in einer Entfernung von etwa 50 Kilometern vom Explosionsort einstellte. Erst 1948 wurde im nachhinein versucht, den Weg der radioaktiven Wolke zu ermitteln. Kunden der Firma Eastman-Kodak hatten sich über verdorbene Filme beschwert. Schließlich konnte rekonstruiert werden, daß das Verpackungspapier für die Filme mit radioaktiven Substanzen kontaminiert war und daß diese Kontamination bei der Fabrikation des Verpackungspapiers im mehr als tausend Kilometer vom Explosionsort entfernten Bundesstaat Indiana aufgetreten sein mußte.

Die Atombomben von Hiroshima und Nagasaki schockierten die Welt zunächst einmal wegen ihrer riesigen mechanischen Zerstörungskraft. Die Krankenhäuser in Japan waren allein schon mit der Versorgung der mechanisch bedingten Verletzungen und vor allem der Verbrennungen hoffnungslos überfordert. Gleichwohl fiel den Ärzten bald auf, daß noch etwas Neues hinzugekommen war. Daß viele am Tag der Explosion an Erbrechen gelitten hatten, dürfte angesichts von Zehntausenden Toten und unzähligen Verletzten wahrscheinlich zunächst als Bagatelle aufgefaßt worden sein. Im Laufe der folgenden Wochen entwickelten viele dieser Patienten jedoch Durchfall, Haarausfall, Geschwüre der Mundschleimhaut und begannen an den verschiedensten Körperstellen zu bluten. Die weißen Blutkörperchen (Leukozyten), deren Aufgabe die Infektabwehr ist, verminderten sich, ebenso die Blutplättchen (Thrombozyten), die der Blutstillung dienen. Die Blutungen traten an Haut und Schleimhäuten auf, insbesondere dort, wo schon Schleimhautgeschwüre bestanden, und in inneren Organen. Aufgrund der Schleimhautgeschwüre konnten die Patienten kaum noch essen, und das wenige wurde von den ebenfalls geschwürig entzündeten Därmen nicht aufgenommen. Viele starben an Infektionen oder verbluteten. Von denen, die nicht Blutungen oder Infektionen zum Opfer fielen, starben viele noch im Lauf der nächsten Monate an Auszehrung, weil der Magen-

Darm-Trakt sich kaum erholte. Zum Mangel an Leukozyten und Thrombozyten gesellte sich auch eine Blutarmut (Mangel an roten Blutkörperchen, Erythrozyten), die Bluttransfusionen erforderlich machte. Bei den Überlebenden klangen die Schleimhautschäden ab, das Blutbild besserte sich allmählich, und die Haare wuchsen nach zwei bis drei Monaten wieder nach. Darmstörungen, eine Schwächung des Immunsystems und Hautschäden blieben jedoch bei vielen dauerhaft bestehen, und später kamen noch weitere Leiden hinzu.

Hier zeigte sich, erstmals außerhalb geheimgehaltener Berichte der medizinischen Öffentlichkeit zugänglich, das Bild der akuten Strahlenkrankheit – einer Erkrankung, gegen die es damals wie heute keine probate Behandlung gibt. Die amerikanische Besatzungsmacht – Japan hatte inzwischen kapituliert – versuchte, die Berichte über diese neue Erkrankung zu unterdrücken, was jedoch nicht vollständig gelang.

Nach einigen Wochen stellte sich heraus, daß auch Helfer, die in großer Zahl nach den Atombombenabwürfen in die beiden Städte gekommen waren, an den oben beschriebenen Symptomen zu leiden begannen. Somit schien Strahlung nicht nur im Moment der Explosion aufzutreten, sondern offenbar noch länger anzuhalten. Als dies in der Weltöffentlichkeit durchsickerte, entsandte das Manhattan-Projekt eine Delegation aus Medizinern und Technikern mit einem vorgegebenen Auftrag nach Hiroshima und Nagasaki: festzustellen, daß es dort keine Radioaktivität infolge der Bomben mehr gab. Die Delegation, die im September 1945 Japan besuchte, stellte einen solchen Persilschein tatsächlich aus: der Aufenthalt in den beiden Städten sei sowohl für die japanische Bevölkerung als auch für die amerikanischen Besatzungstruppen unbedenklich. Gegenteilige Behauptungen wurden im weiteren von den amerikanischen Behörden als Propadanda abgetan. Die veröffentlichte Meinung, zumindest in den USA, schloß sich dem weitgehend an.

Im Juli 1946 zündete das amerikanische Militär auf dem

Seiten 147-231 Bikini-Atoll im Pazifik seine beiden nächsten Atombomben, die eine oberirdisch, wie bei den Kriegseinsätzen, die andere unter Wasser. In einer Entfernung von 30 Kilometern beobachteten von einer Flotte aus mehr als 40 000 Matrosen und Offiziere, Journalisten, Wissenschaftler, Regierungsangestellte und Abgeordnete des Kongresses der USA das Schauspiel, das *Operation Crossroads* getauft worden war. In der Lagune des Bikini-Atolls hatte man eine Reihe von Kriegsschiffen stationiert, an denen die Zerstörungskraft der Bomben erprobt werden sollte. Auf diesen »Zielschiffen« wurden vor den Explosionen auch Ziegen, Schweine und Ratten zurückgelassen, um an diesen die biologische Strahlenwirkung zu studieren.

Günstige Winde bewirkten, daß der radioaktive Niederschlag der ersten, oberirdisch gezündeten A-Bombe weder auf dem Bikini-Atoll noch auf der 30 Kilometer entfernt stationierten »Lebendflotte« und auch nicht auf der 150 Kilometer weiter östlich liegenden Insel Rongerik niederging, wohin man die Bewohner des Bikini-Atolls umgesiedelt hatte. Bereits sieben Stunden nach der Explosion erklärten die Strahlenschutztruppen die Lagune und ab dem zweiten Tag den größten Teil der Zielflotte für radiologisch sicher. Die amerikanische und die Weltöffentlichkeit überkam eine gewisse Erleichterung: Wenn auch die Zerstörungskraft der neuen Bombe verheerend war – eine »dreckige« Waffe, wie es nach Hiroshima und Nagasaki geheißen hatte, war sie also offenbar doch nicht. In dieser Stimmung ging unter, daß die kurze Zeit später durchgeführte zweite Zündung, diesmal unter Wasser, zu einigen beunruhigenden Ergebnissen geführt hatte. Das Wasser der Lagune wurde radioaktiv verseucht, und die bei der Explosion hochgeschleuderte Wasserfontäne hatte die Oberflächen der »Zielschiffe« kontaminiert. Eine Dekontaminierung vor Ort erwies sich schließlich als unmöglich – alles Waschen und Schrubben half nichts, und der Versuch, mittels Sandstrahlgebläsen die obersten Schichten abzutragen, war unter tropischen Bedingungen kaum durchführbar. Ein Teil der Zielflotte mußte schließlich versenkt werden; einige Schiffe wurden zu Studienzwecken und für Strahlenschutzübungen vor die amerikanische Westküste geschleppt. Seiten 147-231

Auch die »Lebendflotte« war kontaminiert worden. Die Strahlenschutzkontrolleure hatten Schwierigkeiten, sich gegen Offiziere durchzusetzen, die an eine Gefährdung durch die unsichtbare Strahlung nicht glauben wollten und die Sicherheitsmaßnahmen daher nicht ernst nahmen. Als im Lauf der Zeit die Hinweise zunahmen, daß die Kontamination ein bedrohliches Ausmaß erreicht hatte, wurden Soldaten von ihren Vorgesetzten zum Stillschweigen verpflichtet. Der Dekontaminierungsbericht wurde als streng geheim eingestuft.

Offiziell gab es bei der *Operation Crossroads* keine Strahlenopfer. Zahlreiche Beteiligte entwickelten später jedoch Krankheiten, bei denen es sich durchaus um Strahlenfolgen handeln könnte, beispielsweise Leukämien. Die US-Regierung bestritt einen Zusammenhang; Schadensersatzforderungen blieben erfolglos. Im Zuge einer nachträglichen Bewertung der Ereignisse stellte sich in den achtziger Jahren heraus, daß die während des Manövers an die Mannschaften ausgegebenen Strahlenmeßplaketten die tatsächliche Belastung nur äußerst unpräzise wiedergegeben hatten.

Eine systematische Untersuchung des Verbleibs der radioaktiven Spaltprodukte, die bei der Explosion freigesetzt wurden, gab es bei der *Operation Crossroads* ebensowenig wie bei der ersten Explosion 1945 in New Mexico. Auch bei den drei folgenden, bis 1950 im Südpazifik durchgeführten Atombombentests unterblieb dies. Im ersten Handbuch über Zivilschutz im Atomzeitalter, das 1950 erschien, wurde zwar »Fallout« erstmals in einer populärwissenschaftlichen Veröffentlichung erwähnt, jedoch als unbedeutend eingestuft.

Reichs Erwähnungen der Atombombenversuche auf dem Bikini-Atoll (Seiten 171, 204) und seine Überlegungen zu der hohen Hintergrundaktivität im Januar 1951 in den Ostküstenstaaten

(Seite 168) waren daher keineswegs so dilettantisch, wie sie aus heutiger Sicht anmuten mögen. Tatsächlich entspricht seine Einschätzung im wesentlichen dem damaligen Wissensstand. Auch im Kreise jener Wissenschaftler, die Zugang zu Verschlußsachen hatten, war kaum mehr bekannt – schlicht und einfach deshalb, weil der Fallout damals überhaupt nicht systematisch untersucht worden war und die wenigen vorhandenen Hinweise – mysteriöse Filmschwärzungen nach dem ersten Test 1945 und ein noch mysteriöserer »schwarzer Regen« in Hiroshima und Nagasaki – noch gar nicht richtig gedeutet worden waren.

Zwar hatten Hiroshima und Nagasaki eine gewisse Beunruhigung hervorgerufen; dies wurde jedoch im Laufe der nächsten Jahre wieder verdrängt. Die öffentliche Präsentation der scheinbar viel harmloser verlaufenen *Crossroads*-Atombombentests trug dazu ebenso bei wie der Beginn des Kalten Krieges. Zweifel an der Atomrüstung waren bald mit dem Ruch des Verrates an der Sache der Freiheit und Demokratie behaftet. Insgesamt war man zu Beginn der fünfziger Jahre gegenüber den Gefahren der ionisierenden Strahlung noch recht unbekümmert – dies durchaus auch in Fachkreisen und umso mehr bei Laien.

Bis etwa 1960 wurden ionisierende Strahlen massenhaft zur Behandlung so harmloser Erkrankungen wie Hautpilz eingesetzt, durchaus auch von seriösen Ärzten. In Amerika mit seinem Schönheits- und Hygienekult wurden damals frei erhältliche Röntgengeräte zur Entfernung der als unschön und störend empfundenen Körperbehaarung benutzt. Noch 1953 wurde eine Diaphragma-Creme verkauft, die Radium enthielt. In Schuhgeschäften standen Röntgen-Durchleuchtungsgeräte, mit denen man in aller Ruhe sein Fußskelett im eben anprobierten Schuh betrachten konnte. Die 1951 in Nevada begonnenen Atombombentests wurden zur Attraktion – für Touristen im nahegelegenen Las Vegas ebenso wie für Familien und Schulklassen aus der Umgebung. Ausflüge zu einem Berg in der Nähe des Testgeländes wurden zu einem beliebten Freizeitvergnügen, nachdem die AEC für solche »Bombenbeobachtungen« geworben hatte. Aus Las Vegas kamen sogar Beschwerden, einige der Atomexplosionen seien zu mickrig gewesen, und man forderte, doch größere Bomben zu zünden. Seiten 147-231

Seit Anfang der fünfziger Jahre begann die Rate an Leukämieerkrankungen in Hiroshima und Nagasaki zu steigen; ein erster Gipfel wurde 1955 erreicht. Andere bösartige Erkrankungen hatten eine längere Latenzzeit. Auch die Gegenden in der Hauptwindrichtung des Nevada-Testgeländes wiesen Ende der fünfziger Jahre einen Anstieg von Krebserkrankungen auf.

Beobachtet man komplizierte Geschehnisse, deren Gesetzmäßigkeiten man nicht durchschaut, und bemerkt dabei irgendwelche Veränderungen, dann erfordert es naturgemäß eine längere Beobachtungszeit, bevor entschieden werden kann, ob es sich bei den festgestellten Veränderungen um zufällige Schwankungen handelt oder ob tatsächlich ein Trend vorliegt. Diese grundsätzliche Problematik ist in den letzten Jahren im Zusammenhang mit dem Anstieg der atmosphärischen Durchschnittstemperaturen und den milder werdenden Wintern auch ins Bewußtsein einer breiteren Öffentlichkeit gelangt. In der Lehre von der Häufigkeit und der Verbreitung von Krankheiten, der Epidemiologie, verhält es sich nicht anders. Der Anstieg von Leukämien in Japan konnte erst nach einigen Jahren als echter Trend bewertet und dann auch ursächlich auf die Atombomben bezogen werden. Anfang der fünfziger Jahre, zur Zeit der Abfassung des »Oranur-Experiments«, war dies noch nicht möglich. Daß ionisierende Strahlung Leukämien und andere Krebsarten hervorrufen kann, war zwar durch die Schicksale der Joachimsthaler Bergleute, der Zifferblattmalerinnen und der Pioniere der Radiologie bekannt – aber es war möglich, dies den damals noch völlig fehlenden Schutzvorkehrungen zuzuschreiben. Daß Atombombenabwürfe oder Atombombentests oder gar der Umgang mit Röntgengeräten und Radioisotopen unter den damals üblichen Sicherheitsstandards ebenfalls krebsauslösend sein können, war zwar grundsätzlich

Seiten 147-231 denkbar, jedoch zu dieser Zeit noch nicht durch Langzeituntersuchungen belegt.

Für Wilhelm Reich handelte es sich bei der Strahlenkrankheit nicht um die Folge einer direkten Einwirkung von Kernstrahlung auf lebendes Gewebe, sondern um eine Reaktion der organismischen Orgonenergie gegenüber der Einwirkung von Kernstrahlung (Seiten 131 f.). Aus heutiger schulmedizinischer Sicht läßt sich die Strahlenkrankheit ohne weiteres als Folge direkter Einwirkung ionisierender Strahlen auf Gewebe deuten. Bereits weniger energiereiche Strahlen wie die UV-Strahlen, erst recht die energiereicheren Röntgen- und Gammastrahlen, können am DNS-Molekül Veränderungen hervorrufen. Dies läßt sich experimentell demonstrieren. Darüber hinaus ist inzwischen bekannt, daß Zellen höherer Lebewesen Enzymsysteme besitzen, die solche strahlenbedingten Veränderungen im DNS-Molekül wieder zu reparieren vermögen. Menschen, denen solche DNS-Reparatur-Enzyme fehlen, erkranken früh im Leben an strahleninduziertem Hautkrebs. Dies belegt, daß die durch die Strahlung hervorgerufenen DNS-Veränderungen tatsächlich für die Krankheitsentstehung verantwortlich sind: Wären sie lediglich zufällige Begleiterscheinungen, der eigentlich krankmachende Effekt jedoch – wie Reich annahm – die Reaktion der organismischen Orgonenergie, dann dürfte das Vorhandensein oder das Fehlen solcher DNS-Reparaturenzyme keinen Einfluß auf das Auftreten der Erkrankung haben. Da ein solcher Einfluß jedoch nachzuweisen ist, muß auch die strahleninduzierte DNS-Veränderung eine wichtige Rolle im Krankheitsprozeß spielen.

Des weiteren sind ionisierende Strahlen dazu in der Lage, aus dem relativ reaktionsträgen molekularen Sauerstoff (O_2) sogenannte Radikale zu bilden, die sich chemisch äußerst aggressiv verhalten: Sie gehen mit allen möglichen Eiweißen und auch mit der DNS der Zelle chemische Verbindungen ein, wodurch deren Strukturen verändert werden. Da die Struktur von Eiweißen und DNS für deren Funktionsweise von entscheidender Bedeutung ist, kann mit solchen Strukturveränderungen ein Funktionsverlust des jeweiligen Eiweiß- oder DNS-Moleküls verbunden sein. Diese biochemische Erklärung von Strahlenschäden wird durch die experimentell demonstrierbare Tatsache erhärtet, daß Zellen unter den Bedingungen der Sauerstoffarmut weniger empfindlich gegenüber der schädigenden Einwirkung von Strahlen sind als bei reichlicher Sauerstoffzufuhr.

In Reichs Theorie geht eine energetische Schwäche mit verminderter Zellatmung einher.[49] Somit müßten auf dem Hintergrund der genannten experimentellen Befunde energetisch geschwächte Individuen gegenüber der Strahlenwirkung sogar in gewissem Maße geschützt sein, da sie aufgrund der verminderten Zellatmung einen verminderten zellulären Sauerstoffgehalt aufweisen. Reich hingegen hatte bei den Erkrankungen der Mäuse den Eindruck gewonnen, daß gerade energetisch geschwächte Mäuse schneller zu Tode gekommen waren als zuvor gesunde (Seite 176). Somit scheint auch in dieser Hinsicht Reichs theoretisches Konzept nicht ganz in Übereinstimmung mit den experimentellen Tatsachen zu stehen.

Die strahlenchemisch bewirkten Veränderungen an Eiweißen und anderen Zellbestandteilen führen je nach Strahlendosis zu unterschiedlichen Folgen. Bei geringer Dosis kommt es zu keinen oder lediglich vorübergehenden Funktionsausfällen der Zelle, bis die veränderten Moleküle wieder im Rahmen des ständigen Austauschs der Zellsubstanz durch neue ersetzt worden sind. Höhere Strahlendosen können zu unwiderruflichem Funktionsverlust der Zelle und zum Zelltod führen. Somit kann ein und dieselbe Strahlendosis, auf mehrere Portionen verteilt, durchaus überstanden werden, weil sie den Zellen zwischenzeitig Regeneration erlaubt. Als Einmaldosis kann sie hingegen für die Zellen bereits tödlich wirken.

Stark stoffwechselaktive Zellen werden durch Strahlung stärker geschädigt als Zellen mit trägem Stoffwechsel. Zu ersteren gehören die Zellen der Schleimhäute, die sich ständig erneuern,

Seiten 147-231

und des Knochenmarkes, wo ständig in hoher Zahl neue Blutkörperchen gebildet werden. Ferner gehören dazu die Haarwurzelzellen. Sehr strahlenempfindlich sind auch die Lymphozyten, Zellen des Immunsystems, die einen Teil der weißen Blutkörperchen bilden und die Hauptmasse der lymphatischen Gewebe (Lymphknoten, Milz, Mandeln u.a.) ausmachen.

Aus diesen Schädigungsmechanismen lassen sich die wesentlichen Symptome und Befunde herleiten, die bei der Strahlenkrankheit auftreten. Die Schädigung der Haarwurzelzellen führt zu Haarausfall. Die Schädigung der Schleimhäute führt zu Schleimhautgeschwüren, im Falle der Darmschleimhaut zu Durchfall und zum Darniederliegen der Nahrungsresorption. Das Absterben vieler Zellen führt zur Überschwemmung des Organismus mit teilweise schädlichen Zerfallsprodukten, die für den »Strahlenkater« verantwortlich sind, der in geringerer Ausprägung auch als Nebenwirkung bei der Strahlentherapie auftreten kann. Die Schädigung der Lymphozyten, eine der ersten bereits nach wenigen Stunden nachweisbaren Wirkungen, führt zu einer drastischen Verminderung der im Blut zirkulierenden Lymphozyten und im weiteren Verlauf zur Verschmächtigung und Schrumpfung (Atrophie) der lymphatischen Gewebe. Charakteristisch ist somit eine verkleinerte Milz. Folge dieser Atrophie des lymphatischen Gewebes ist eine verminderte Abwehrkraft gegenüber Infektionen.

Die Blutneubildung im Knochenmark kommt weitgehend zum Erliegen. Infolgedessen kommt es im Blut rasch zu einer Verminderung auch der übrigen (nicht-lymphozytären) weißen Blutkörperchen und der Blutplättchen. Ersteres mindert ebenfalls die Infektabwehr, letzteres führt zu gesteigerter Blutungsneigung. Eine Verminderung der roten Blutkörperchen macht sich erst später bemerkbar. Bei der Sektion erscheint das normalerweise rötlich gefärbte Knochenmark nun blaß.

Die Schleimhautschädigung erleichtert das Eindringen von Bakterien aus dem Darm. Fehlende Leukozyten und ein geschädigtes lymphatisches System bedingen, daß der Organismus sich kaum gegen diese Bakterien zur Wehr setzen kann. Die meisten Betroffenen sterben daher binnen weniger Wochen nach der Strahleneinwirkung an Infektionen. Auch Blutungen aus den Schleimhautgeschwüren, die mangels Blutplättchen nicht zum Stehen kommen, sind eine häufige Todesursache. Bei jenen, die die akute Phase überleben, kann es zur Ausheilung der Schleimhautschädigung kommen, auch Haarwuchs kann wieder einsetzen. Eine mehr oder weniger stark ausgeprägte Blutarmut sowie Atrophie des lymphatischen Systems bleiben jedoch meist zurück, so daß die Patienten oft langfristig Bluttransfusionen brauchen und infektanfällig bleiben.

Somit lassen sich, im Gegensatz zu Reichs Annahme, die Symptome und Befunde bei der Strahlenkrankheit sehr wohl als Folge direkter Einwirkung ionisierender Strahlung auf die Gewebe herleiten. Die Annahme einer Lebensenergie, deren Reaktion auf ionisierende Strahlung erst die Strahlenkrankheit hervorbringen soll, ist insoweit also nicht erforderlich.

Reich beschreibt an seinen Mäusen ein Erkrankungsbild, welches er zwar als Auswirkung von Oranur (d.h. Reaktion der Lebensenergie Orgon auf Kernstrahlung) auffaßt, das jedoch einige gewichtige Unterschiede zur Strahlenkrankheit aufweist. Nirgends wird erwähnt, daß die Mäuse an Haarausfall oder Durchfall gelitten hätten. Ebensowenig werden im Zusammenhang mit den Sektionen Schleimhautgeschwüre erwähnt. Einige Mäuse hatten, ganz im Gegensatz zur Strahlenkrankheit, bei Sektion eine stark vergrößerte Milz aufgewiesen. Ebenfalls im Gegensatz zur Strahlenkrankheit war es bei einigen zu einer Vermehrung der weißen Blutkörperchen gekommen. Eine Verminderung der weißen Blutkörperchen oder eine Milzatrophie werden hingegen nicht erwähnt. Zur Zahl speziell der Lymphozyten im Blut sowie zur Zahl der Blutplättchen macht Reich nirgends Ausführungen, ebensowenig zum Zustand des Knochenmarks. Angesichts der Tatsache, daß das Knochenmark eine zentrale Rolle bei der strahlenbedingten Schädigung spielt und sein Darniederliegen

Seiten 147-231 in der Regel für den tödlichen Verlauf verantwortlich ist, erscheint diese Aussparung merkwürdig. Auch die Verringerung der Lymphozyten als verläßliches Frühsymptom einer Strahlenkrankheit war bereits damals bekannt. Auch Blutungen – als indirekter Hinweis für das Vorliegen von Geschwüren oder für die Verminderung von Blutplättchen – sind offenbar nicht aufgetreten.

Woran auch immer Reichs Mäuse gelitten haben – die zahlreichen aufgeführten Diskrepanzen sprechen dafür, daß es jedenfalls nicht die im Zusammenhang mit Atombomben erstmals massenhaft aufgetretene Strahlenkrankheit gewesen ist, gegen die ein Mittel zu finden Reichs erklärtes Ziel war.

Innovativ war Reich hingegen – unbewußt – auf einem Gebiet, das erst Jahrzehnte später von der Mainstream-Wissenschaft entdeckt werden sollte. In den achtziger Jahren wurde bekannt, daß sich in manchen Häusern Radioaktivität ansammelt, nämlich das radioaktive Edelgas Radon, welches entweder aus uranreichen geologischen Formationen über lockere, durchlässige Bodenschichten in die Fundamente der Gebäude eindringt oder aus uranreichen Baumaterialien wie Phosphorgipsplatten und Granit entweicht. Auch radonreiche Wasservorkommen können über die Wasserversorgung zu erhöhten inhäusigen Radonkonzentrationen beitragen. Lüften führt zu kurzfristiger Normalisierung der Radioaktivität, bald darauf steigt sie jedoch wieder an. Die inhäusige Radonkonzentration kann das Mehrhundertfache der Konzentration an der frischen Luft betragen.

Radon zerfällt mit einer Halbwertszeit von wenigen Tagen unter Aussendung von Alpha- und Gammastrahlung in radioaktive Isotope, die wiederum einem Alphazerfall unterliegen. Da Radon mit der Luft eingeatmet wird, kann somit eine erhebliche radioaktive Belastung der Bronchialschleimhaut durch die biologisch besonders stark wirksame Alphastrahlung resultieren. Die US-amerikanische Umweltschutzbehörde EPA schätzt, daß 3,5 bis 15 Prozent der jährlich 136000 Lungenkrebstoten dem Radon in Häusern anzulasten sind.

Uranreiche geologische Formationen gibt es auch in den Oststaaten der USA, und zumindest das Observatorium auf Orgonon war aus Granitsteinen erbaut worden. Die erhöhten Zählraten, die Reich auch nach Entfernung aller radioaktiven Substanzen aus den Gebäuden immer wieder fand, die sich durch Lüften nur kurzfristig beseitigen ließen und die er als anhaltende Reaktion der atmosphärischen Orgonenergie auf – bereits längst entfernte – radioaktive Stoffe auffaßte, könnten somit ebensogut Ausdruck einer hohen Radonbelastung gewesen sein. Dann wäre Reich der bisher ungewürdigte Erstbeschreiber eines gesundheitlichen Problems gewesen, dessen Ausmaß man erst in den letzten Jahren zu erfassen begonnen hat. Seiten 147-231

Die möglichen krebserregenden Effekte der Strahlung standen jedoch nicht im Mittelpunkt von Reichs Überlegungen. Er brachte eine Reihe von subjektiven Erscheinungen mit den hohen Zählraten in Verbindung – Kopfdruck, Übelkeit, Schwindel, gesteigerter Durst usw. In der Nachfolge Reichs ist von orgonomischer Seite her die Vermutung geäußert worden, daß nicht nur radioaktive Substanzen und Röntgengeräte derartige »Oranur-Effekte« verursachen können, sondern auch eine Reihe weitverbreiteter Gegenstände wie Fernsehapparate, Neonröhren, Hochspannungsleitungen und vieles andere, was gelegentlich auch unter dem Begriff Elektrosmog zusammengefaßt wird.[50]

In der schulmedizinischen Literatur gibt es zum Auftreten der genannten Symptome im Zusammenhang mit ionisierender Strahlung oder mit Elektrosmog kaum Angaben. Das mag daran liegen, daß solche (wie die Schulmedizin sagt) »funktionellen Störungen«, verglichen mit der Strahlenkrankheit, mit strahleninduzierten Krebskrankheiten und Erbschäden, Bagatellen darstellen und einer näheren Untersuchung daher nicht für wert befunden wurden. Solche Untersuchungen wären darüber hinaus ein wenig erfolgversprechendes Unterfangen. Bereits die Untersuchungen hinsichtlich eines möglichen Zusammenhangs zwischen Hochspannungsleitungen und Leukämieerkrankungen haben letztlich nicht zu schlüssigen Ergebnissen geführt, obwohl es sich bei der Leukämie um eine wohldefinierte und gut zu erfassende Erkrankung handelt. Eine Korrelation mit wesentlich weniger handfesten Beschwerden und Symptomen herzustellen dürfte weitaus schwieriger sein.

Hinzu kommt, daß die Quellen solcher möglicher »Oranur-Effekte« heutzutage derart weitverbreitet sind, daß sich kaum eine für die systematische Untersuchung erforderliche Kontrollgruppe oder Kontrollsituation anlegen läßt.

Reichs Hypothese, daß es sich bei jenen Symptomen um eine Reaktion der Lebensenergie auf Kernstrahlung oder auf elektromagnetische Wellen in einem weiteren Sinn handelt, ist durch das Fehlen entsprechender Untersuchungen jedoch weder widerlegt, noch ist sie deshalb von vorneherein unsinnig. Die zeitliche Korrelation zwischen der Zunahme derartiger Umweltbelastungen einerseits und den allem Anschein nach zunehmenden »funktionellen Störungen« rechtfertigt immerhin den Anfangsverdacht eines ursächlichen Zusammenhangs. Und die Tatsache, daß es der Schulmedizin (einschließlich der Psychosomatik) weitgehend an Erklärungen dafür fehlt, berechtigt dazu, auch unkonventionelle Erklärungsansätze zu erkunden. Somit mag es sich eines Tages durchaus noch herausstellen, daß Reich – bei allen Fehlern in den physikalischen Interpretationen – hier Zusammenhänge korrekt erkannt hat; und auch seine Annahme von der Existenz einer besonderen Lebensenergie könnte sich zur Erklärung solcher möglichen Zusammenhänge vielleicht doch noch als nützlich erweisen. [C.R.]

Seite 148 letzte Zeile »der mit Eisenblech (26 Gauge) ausgekleidet war.« – Das entspricht 0,66 mm (1 Gauge = 25,4 Mikrometer). [C.R.]

Seite 151 1. Absatz »Wenn der Geiger-Müller-Zähler wieder arbeitete ... durch extreme OR-Energiewirkung zuzuschreiben.« – If the GM meter operated again after having been in the fresh air for a while, the jamming would certainly have been due to blockade of the operation through extreme OR energy action.

Parästhesien – Mißempfindungen wie Kribbelgefühl, Taubheitsgefühl, »Ameisenlaufen« u.ä., die nicht darauf beruhen, daß von außen Reize auf die Haut einwirken, sondern die ihren Ursprung in gestörter Reizleitung in den Nerven haben. Die Mißempfindungen werden lediglich in jene Hautareale projiziert, welche die gestörten Nerven versorgen. [C.R.] Seite 156 1. Absatz

»Diese Beobachtung erforderte Wiederholung.« – In der Tat wäre es äußerst interessant zu wissen, ob der Effekt durch erneute Plazierung von Radiokobalt/Akkumulator neben der Antenne reproduzierbar und durch neuerliche Entfernung derselben wieder zum Verschwinden zu bringen war. Befremdlicherweise teilt Reich darüber jedoch nichts mit; seine Formulierung läßt offen, ob er die von ihm für erforderlich gehaltenen Wiederholungen überhaupt durchgeführt hat. [C.R.] Seite 158 1. Absatz

Bei der (auf Seite 159, 5. Absatz) geschilderten Episode war der Orgonakkumulator leer gewesen, als die Symptome einsetzten; hier hingegen handelt es sich um Reaktionen auf eine vorhandene Kernstrahlungsquelle. Einige Details der Schilderung sprechen zwar dafür, daß es sich um dieselbe Episode handelt, aber leider läßt der Text nicht zu, das eindeutig zu entscheiden. Denn oben war von Symptomen die Rede, die alle Anwesenden ergriffen hatten, hier hingegen hatten offenbar nur die Neuankömmlinge an den beschriebenen Symptomen zu leiden. [C.R.] Seite 163 3. Absatz

»Die Wirkung von NR auf OR trägt in ihren subjektiven Aspekten die Züge des Todes.« – The NR effect on OR has in its subjective aspects the taint of death. Seite 165 6. Absatz

Seite 166
3. Absatz
»Der Atom-›Meiler‹ … stellt einen speziellen Typ der OR-Akkumulation dar.« – The atomic »pile,« constructed as it is of metallic (plutonium) and nonmetallic (graphite) material, most likely constitutes a special type of OR accumulation.

Seiten 169 f.
Die hier angesprochenen Atombombentests waren die ersten auf dem amerikanischen Festland seit der Explosion der ersten Atombombe *(Trinity)* im Sommer 1945 in der Wüste von New Mexico.

Die erste Atombombenzündung in dieser Testserie erfolgte am Morgen des 27. Januar 1951. Zwei Tage später kam es im Bundesstaat New York zu einem heftigen Schneesturm. Im Werk von Eastman-Kodak in der Stadt Rochester zeigte der Geiger-Zähler eine Aktivität, die das 25fache des Normalen betrug. Kodak war wegen der 1945 im Zusammenhang mit *Trinity* verdorbenen Filme sensibilisiert gewesen. Die Atomenergiekommission (AEC) machte sich erst nach dieser Entdeckung erhöhter Aktivität im Kodak-Werk in Rochester daran, die Ausbreitung der radioaktiven Wolken nach Atomexplosionen systematisch zu untersuchen (was sie nicht daran hinderte, die Sache in der Öffentlichkeit herunterzuspielen und kategorisch zu bestreiten, daß die Explosionen überhaupt zu einer Kontamination außerhalb des Testgeländes in Nevada führen könnten).[51] Reichs hier insbesondere unter Punkt d) gemachte Ausführungen erklären sich somit einerseits aus den damals noch völlig unzureichenden Kenntnissen über radioaktiven Fallout (siehe dazu: Exkurs VII), andererseits durch die Verschleierungspolitik der AEC.

Daß der Atompilz bis in eine Höhe von über zehn Kilometern aufsteigt, war aus den vorhergegangenen Tests hingegen wohlbekannt. In dieser Höhe gelangen die radioaktiven Spaltprodukte in die Strahlströmung (oder auch »Jet-Stream«), die ohne weiteres Geschwindigkeiten von 120 Stundenkilometer und mehr erreichen kann, während gleichzeitig am Boden ruhiges Wetter herrscht. Reichs unter b) und c) aufgeführte Argumente sind somit nicht stichhaltig. [C.R.]

»Man wird mit größter Wahrscheinlichkeit ... einen Vergleich von OR und NR vorzunehmen.« – One will most likely miss this crucial bird's-eye view if one does not detach oneself from the atomic and electronic hypothesis of the constitution of the universe, at least long enough to compare OR with NR. Seite 171 3. Absatz

»ausgekleidet mit Metallblech (26 Gauge)« – Das entspricht 0,66 Millimeter (1 Gauge = 25,4 Mikrometer). [C.R.] Seite 172

Seite 174 4. Absatz

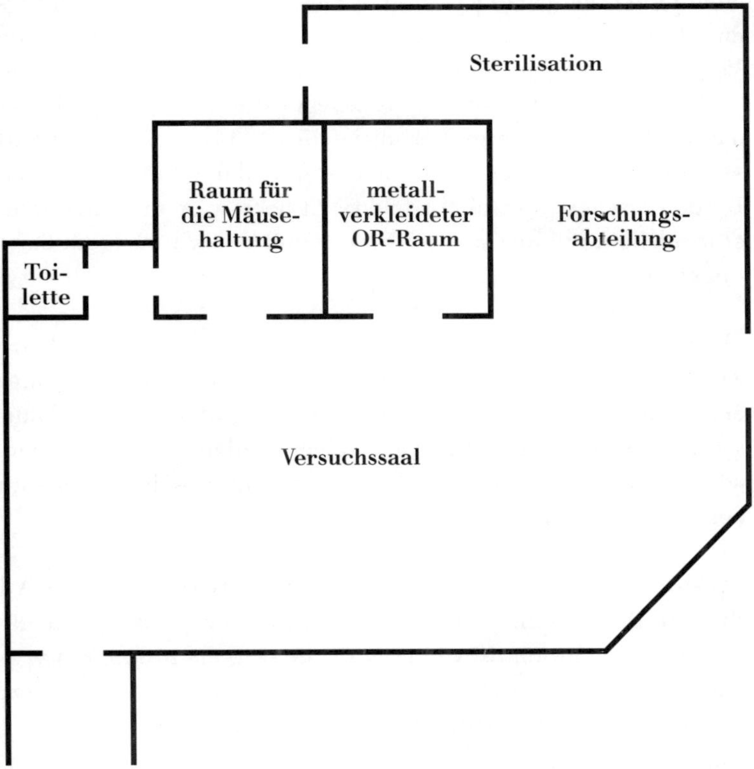

Grundriß. Das Laboratorium und die angrenzenden Räume, wo die Oranur-Reaktion auftrat. (nach: IJSO, Bd. 4, 1945)

Seite 180 5. Absatz »Das ausweichende Wesen des Menschen drückt sich geschickt vor schwerwiegenden Erkenntnissen.« – Evasive human nature does away with important matters glibly.

Seite 183 1. Absatz »Über Jahre hinweg waren wir daran gewöhnt gewesen, in einem Feld bei einer Vergrößerung von 300-400 bis zu drei weiße Blutkörperchen ... zu sehen.« – Vermutlicher Irrtum im engl. Originalwortlaut (»a magnification of 3 to 400«). Eine Vergrößerung von 300-400 würde zwar zu der angegebenen Zahl weißer Blutkörperchen pro Gesichtsfeld passen. Bei dieser Lesart bleibt allerdings das Problem, daß sich an einem Mikroskop normalerweise die Vergrößerung nicht kontinuierlich einstellen läßt, sondern in Stufen: z.B. 32/100/400/1000 o.ä. Gegen die andere Möglichkeit, daß vielleicht eine Vergrößerung von 3 x 400 (also 1200) gemeint sein könnte, spricht aber, daß in diesem Fall die Zahl der weißen Blutkörperchen pro Gesichtsfeld recht hoch wäre und außerdem eine solche Kombination von Okular- und Objektivstärke äußerst ungewöhnlich ist. [C.R.]

Seite 185 1. Absatz »Die Mäuse, die massenhaft gestorben waren, hatten selbst klare Zeichen starker Strahlung gezeigt ...« – Unklar bleibt, ob die hier erwähnten Zeichen starker Strahlung in erhöhten, von den Mäusen ausgehenden Impulsraten am Geiger-Müller-Zähler bestanden, oder ob es sich um die erwähnten Überladungsphänomene an den roten Blutkörperchen handelte. [C.R.]

Seite 186 2. Absatz »Während dieser ganzen Zeit ... weitere Entwicklungen.« – All through this period, we felt, on the basis of our constant, steady contact with Oranur as well as with the workers in it, *that something very crucial with respect to a future weapon of health had happened;* we waited patiently for further developments.

Seiten 186 f. Bei der Ärztin, von der hier die Rede ist, handelt es sich um Eva Reich, Reichs Tochter und damalige Mitarbeiterin. [B.H.]

Zu den angekündigten Veröffentlichungen ist es nur teilweise und wahrscheinlich auch nicht in der von Reich zunächst vorgesehenen Form gekommen, da ihn der weitere Verlauf des Experiments immer wieder mit Überraschungen konfrontierte. Insbesondere eine Ausarbeitung der Befunde über die beim Oranur-Experiment aufgetretenen Blutveränderungen ist leider nie erschienen. Hinweise auf Veröffentlichungen W. Reichs siehe oben »Zur Editionslage«. [C.R.] Seite 192 unten

»Das Dilemma und der Druck ... sorgten für einige Verwirrung.« – The dilemma, with its pressure of contradictory decisions to be made right away, caused some confusion. Seite 193 1. Absatz

»Diese, in den Händen skrupelloser, bösartiger Menschen ... noch unberechenbarer machen.« – This quality in the hands of unscrupulous, malignant men, would only add confusion to the already overstrained social atmosphere we are living in. Seite 195 2. Absatz

»Diese Möglichkeiten sind zweifellos gegeben.« – These possibilities are definitely there. Seite 196 2. Absatz

»Da standen wir nun ... in weiten Bereichen der Gesellschaft.« – Thus, here we were, with the most powerful healing power humanity had ever known in our hands; but rendered impotent by the emotional plague in many places of society. Seite 196 3. Absatz

»Nachdem der erste Schlag ... den sie regiert« – OR energy, after the first blow by NR has been suffered, and if it was overcome, FIGHTS BACK ferociously. It goes mad, runs berserk, as it were. It becomes a killer itself, attempting to kill the irritating NR. In this struggle it itself deteriorates into a killer of the organism which it governs: Seiten 208 f. 6. Absatz

Seite 215 Tabelle 22 Erratum im Kopf der Tabelle: Vermutlich handelt es sich bei den angegebenen Zeitangaben um Minuten, nicht um Sekunden. [C.R.]

Seite 218 8. Zeile v.u. »ihr ›sinnvolles‹ Verhalten« – its »meaningful« behavior

Seite 218 letzte Zeile Prana – In der Esoterik- und Yoga-Literatur wird *Prana* häufig als »Lebensenergie in der Luft« interpretiert. Das ist wohl eine Verkürzung. Eher wäre es als »alles, was das Leben im Inneren aufrechterhält« zu übersetzen: Sauerstoff, Nahrung, Wasser, Sinnesreize, geistige Steuerungsprozesse, astrale und mentale Einflüsse etc. [B.H.]

Seite 219 1. Zeile »Und diese Wahrheit schien sich uns dringend enthüllen zu wollen« – And this truth seemed urgently to want to reveal itself to us

Seite 219 Zeile 10 »vorformenden Stadien« – performativ stages

Seite 226 2. Absatz »ob der Stein tatsächlich zerfällt oder nicht« – Reich hatte beobachtet, daß sich die beim Bau des Observatoriums verwendeten Granitsteine verfärbten und zu zerfallen schienen, und brachte dies mit dem Oranur-Experiment in Verbindung. Siehe dazu seinen Text *The Blackening Rock – Melanor*. [C.R.]

Seite 227 3. Absatz »die Hintergrundaktivität auf 80 oder 100 cpm« – Eine Erhöhung der Zählrate in einem Haus mit geschlossenen Fenstern ist nichts Ungewöhnliches und beruht auf dem Ausgasen des radioaktiven Edelgases Radon aus dem Grundgestein und aus den Wänden (Stein, Gips). In der Baubiologie sind Anstiege des Radongehaltes in der Raumluft um den Faktor 40 bekannt (vgl. Exkurs VII). [B.H.]

Seite 229 2. Absatz »OR-Energie leuchtet und verhält sich im Hochvakuum eindeutig wie Quanten.« – OR energy luminates and acts in a clear-cut quantum manner in high vacuum.

»Je größer die Frequenz ... lineare Wirkung die erstere.« – The greater the *frequency* in the orgonotic quantum action, the more does *continuity* or *linear* action replace the former. Seiten 229 f letzte Zeile

»Kosmische Energie könnte ... auf der ganzen Welt festigen.« – Cosmic energy could finally serve useful purposes, since *slowness* of chain reaction and *medical efficiency* have been found in the *cosmic primordial forces*. Such humane efforts would command respect and secure the deep confidence of people in our endeavors everywhere. Seite 231 3. Absatz

»indem man die Handfläche in etwa vier bis zehn Zentimeter Entfernung« – Die Handfläche ist ein sehr sensibles Instrument zum Erfühlen der Wärmeabstrahlung von Oberflächen. *Beispiel 1*: Legen Sie eine Hand auf eine kühle Tischplatte und bewegen Sie die andere Hand im Abstand von wenigen Zentimetern über die Tischplatte und über die erste Hand langsam hin und her, so daß Sie abwechselnd die Oberflächentemperatur des Tisches (z. B. 20 Grad Celsius) und die der Hand (durchschnittlich etwa 32 Grad Celsius) wahrnehmen. Sie werden wahrscheinlich einen deutlichen Unterschied empfinden. *Beispiel 2*: Nähern Sie Ihre Hand langsam einem verzinkten Eisenblech. Da solche glatten Metalloberflächen die Wärmestrahlung fast vollständig reflektieren, werden Sie im Abstand von wenigen Zentimetern sehr deutlich die reflektierte Wärmeabstrahlung Ihrer Hand empfinden, unabhängig davon, welche und wieviele Schichten sich unter diesem Eisenblech befinden. *Beispiel 3*: Sie biegen ein glattes, verzinktes Eisenblech von z. B. 1 x 1 Meter vor Ihrem Gesicht zu einem Halbkreis in der Weise, daß sich Ihr Gesicht im Mittelpunkt des Halbkreises und sich gleichsam im Brennpunkt eines Hohlspiegels befindet. Nach kurzer Zeit spüren Sie Ihre eigene Körperwärme auf Ihrem Gesicht, nach längerer Zeit kann sich Ihr Gesicht sogar röten: Durch die Erwärmung kommt es zu einer stärkeren Durchblutung der Haut. [B.H.] Seite 234 3. Absatz

Abschliessender Exkurs VIII
Gibt es ein Naturphänomen, das als »Lebensenergie« bezeichnet werden kann?

Reich fordert wiederholt, daß seine Arbeit ausschließlich systemimmanent kritisiert werden solle, also von Menschen, die sich ausführlich mit der Thematik und Problemstellung beschäftigt haben. Beim Studium seiner Texte wie beim praktischen Nachvollzug der beschriebenen Experimente Reichs ließen wir uns von den Anforderungen leiten, die an eine *immanente* Kritik in bezug auf Lebensenergie, Biophysik und Meßtechnik zu stellen sind. Wir haben angemerkt, wo Reich in seiner Theoriebildung seinerseits gegen immanente methodische Ansprüche verstößt, die mit der angewandten Meßtechnik und der Begrifflichkeit physikalischer Theorien verbunden sind. In einigen Exkursen zur Sache haben wir dargelegt, daß bei mehreren Experimenten Reichs systematische Meßfehler auftreten, insbesondere auch die sogenannten Experimentator- oder *Rosenthaleffekte.*[52] Diese Begriffe beschreiben eine Falle, in die Forschung immer wieder gerät. Zu solchen Effekten kommt es, wenn ein Experimentator eine vorgefaßte Vorstellung vom Ausgang eines Experimentes hat und sich von einer übermächtigen Erwartung leiten läßt. Ohne es zu bemerken, verliert der Experimentator die Kontrolle über den Versuchsaufbau, er verändert ihn so lange, bis sich Ergebnisse zeigen, die dem entsprechen, was er sich erhofft hat. Entsprechend verliert das Experiment seine Aussagekraft in bezug auf die ursprüngliche Fragestellung. Angetrieben von der Idee, mit der Orgontheorie Lösungen für wichtige Menschheitsprobleme finden zu können, scheint uns Reich beispielsweise bei seinen Experimenten zum Orgonmotor in diese Falle geraten zu sein: In der Vakuumröhre leuchtet etwas *blau*, also ist es *Orgon*; im Impulszähler *dreht sich* ein Zeiger, also hat das Orgon eine *motorische Kraft.*

Die von Reich so hartnäckig als orgonotisch bezeichneten Effekte sind sehr einfach als bekannte physikalische Wirkungen zu verstehen. Auch seine Aussagen über die physiologischen Wirkungen des Orgonakkumulators auf den Menschen beweisen meiner Ansicht nach nicht die Existenz einer zusätzlichen biologischen Energieform. Die beobachteten Erscheinungen sind nicht von den physiologischen Wirkungen des Raumklimas abgetrennt worden, die in engen Eisenblechkästen ohnehin zu erwarten sind.* Wahrscheinlich hätten viele der Orgontheorie zugrundeliegenden Fragestellungen schon zu Reichs Zeiten durch offene Diskussion mit anderen Wissenschaftlern beantwortet werden können; aber Austausch und Vernetzung mit anderen Wissenschaftlern gehörten nicht zu Reichs Stärken.

Unabhängig von der Bewertung der hier beschriebenen Experimente bleibt für uns die Frage offen: *Gibt es ein Naturphänomen, das als »Lebensenergie« bezeichnet werden kann?* Es gibt vieles zwischen Himmel und Erde, von dem die Schulweisheit noch nicht oft genug geträumt hat. Mit dem Fortschreiten naturwissenschaftlicher Erkenntnis wird immer deutlicher, daß das Leben und das Menschsein nicht *rein materialistisch* verstanden werden können. Hinter der Materie scheint noch ein Plan zu stecken, der ihr das Leben einhaucht. Lange Zeit gab sich die Welt damit zufrieden, diesen »Hauch« als etwas Göttliches zu verstehen, das

* [A.d.R.] Wilhelm Reich hat in der Tat keinen systematischen Vergleich durchgeführt, ob die Auswirkungen auf Organismen, die sich in einem einfachen Faraday-Käfig oder in einem Reichschen Orgonakkumulator aufhalten, die gleichen sind, oder ob es insbesondere physiologische Auswirkungen gibt, die sich erheblich voneinander unterscheiden. – Reichs Annahme ist insofern also nicht zwingend. Ihm vorzuhalten, daß er uns den Beweis, den wir angesichts der von ihm gezogenen weitreichenden Schlußfolgerungen so vehement einklagen möchten, schuldig geblieben ist, bleibt aber ein Argument *ad personam.* Ob seine Behauptung *in der Sache* womöglich dennoch gerechtfertigt werden kann, ist damit nicht geklärt. Darauf kommt Chr. Rudolph in *Über Wilhelm Reichs »Kosmische Überlagerung«. Eine Lesebegleitung,* Frankfurt: Zweitausendeins 1997 noch einmal zurück.

dem Menschen unerreichbar ist. Es gab aber auch Versuche, dieses Geschehen mit Mitteln, sei es der Natur-, sei es der Geisteswissenschaften, zu erfassen. Der von Reich zitierte Henri Bergson beispielsweise sprach vom *élan vital*, was eher mit Lebens*antrieb* als mit Lebens*energie* übersetzt werden sollte.

Es gibt eine Reihe von Denkern, die den Versuch gemacht haben, mit dem Energiebegriff der Physik die nichtmaterielle Seite der Welt zu verstehen. Reich übernahm als Psychoanalytiker den Begriff der Libido*energie* als »Energie« des Triebgeschehens und der Psyche. Er vermeinte, diese Energie, die er Orgonenergie nannte, auch in allen Naturphänomenen außerhalb der Psyche zu erkennen. Mit dieser Wendung begab er sich bewußt auf das Gebiet der Physik, die fordert, daß unterschiedliche Energieformen ineinander umwandelbar und damit meßbar sein müssen. Reich suchte sein Leben lang nach Beweisen für diesen energetischen Charakter der Lebensvorgänge.

Grundsätzlich sollte überlegt werden, ob der physikalische Begriff der *Energie* in diesem Zusammenhang überhaupt sinnvoll ist, da es meiner Kenntnis nach keinen verifizierten Nachweis einer Umwandlung von »Lebensenergie« in eine andere physikalische Energieform gibt.

In der Welt der Materie und Energie den schöpferischen Geist messen zu wollen ist meines Erachtens aussichtslos. Es existieren eine Reihe von physikalischen Modellen, die nicht den Boden der wissenschaftlichen Beweisführung verlassen und doch über den Energiebegriff hinausgehen. Sie schlagen vor, nichtenergetische Steuerungsprozesse zu berücksichtigen. Der Physiker Pascual Jordan beispielsweise verwendete den Begriff der Wahrscheinlichkeitsamplituden: Die Änderung der Wahrscheinlichkeit für einen biologischen Prozeß bedarf keiner Energie, verändert aber den Ablauf des energetischen biologischen Geschehens. Hier ist nicht der Ort, um diese Ansätze eines ganzheitlichen Verstehens von Physik und Geist näher auszuführen. Neugierige seien auf die Bücher des Gehirn- und Bewußtseinsforschers John C. Eccles verwiesen. Eccles, der den Nobelpreis erhalten hat, vermutet in Wahrscheinlichkeitsänderungen für neuronale Schaltvorgänge im Gehirn jenen Mechanismus, über welchen sich das nichtenergetische menschliche Bewußtsein (Geist) in energetische biologische Funktionen umsetzt.

Die weitestgehende physikalische Beschreibung von nichtenergetischen Steuerungsvorgängen ist von dem deutschen Physiker Burkhard Heim in Form einer einheitlichen Quantenfeldtheorie entwickelt worden.[53]

Was würde geschehen, wenn »der göttliche Hauch« tatsächlich eine Energie wäre, die sich akkumulieren ließe? Sich eine solche Erfindung vorzustellen ist im Wortsinn *Science-fiction.* Reich hoffte, sie in den empirischen Begriffen der Physik erfassen zu können. Karel Capek hat sie 1922 in seiner wunderbaren Geschichte *Das Absolutum oder Die Gottesfabrik*[54] auf seine Weise geträumt und zu Ende gedacht. [B.H.]

Nachweise

1 Wilhelm Reich, *Das Oranur-Experiment. Erster Bericht*, Frankfurt: Zweitausendeins 1997, Seite 138

2 Gaston Bachelard, *Die Philosophie des Nein. Versuch einer Philosophie des neuen wissenschaftlichen Geistes*, Frankfurt: Suhrkamp 1980, S. 125

3 Ilse Ollendorff-Reich, *Wilhelm Reich. Das Leben des großen Psychoanalytikers und Forschers, aufgezeichnet von seiner Frau und Mitarbeiterin*, München 1975, S. 20

4 Edward W. Mann / Edward Hoffmann, *The Man Who Dreamed of Tomorrow. A Conceptual Biography of Wilhelm Reich*, Los Angeles: J. P. Tarcher 1980, S. 221

5 Eva Reich, »Erinnerungen an Oranur und Cloudbusting« [gekürzte Fassung eines Vortrags vom 20.11.1986], in: *emotion* 9, Frankfurt (o.J.) [1989], S. 4-9

6 Ilse Ollendorff-Reich, *Wilhelm Reich. Das Leben des großen Psychoanalytikers und Forschers, aufgezeichnet von seiner Frau und Mitarbeiterin*, München 1975, S. 141

7 Ilse Ollendorff-Reich, *Wilhelm Reich. Das Leben des großen Psychoanalytikers und Forschers, aufgezeichnet von seiner Frau und Mitarbeiterin*, München 1975, S. 146

8 persönliche Mitteilung

9 Gerichtliche Verfügung vom 19. März 1954; vgl. J. Greenfield, *USA gegen Wilhelm Reich*, Frankfurt: Zweitausendeins 1995, S. 383-387

10 Wilhelm Reich, *Ausgewählte Schriften. Eine Einführung in die Orgonomie*, Köln: Kiepenheuer & Witsch 1976

11 Wilhelm Reich, *Ausgewählte Schriften. Eine Einführung in die Orgonomie*, Köln: Kiepenheuer & Witsch 1976, S. 578

12 Myron Sharaf, *Fury on Earth. A Biography of Wilhelm Reich*, New York: St. Martin's 1983, S. 47

13 Ilse Ollendorff-Reich, *Wilhelm Reich. Das Leben des großen Psychoanalytikers und Forschers, aufgezeichnet von seiner Frau und Mitarbeiterin*, München 1975, S. 59

14 Myron Sharaf, *Fury on Earth. A Biography of Wilhelm Reich*, New York: St. Martin's 1983, S. 386

15 J. Greenfield, *USA gegen Wilhelm Reich*, Frankfurt: Zweitausendeins 1995, S. 44

16 persönliche Mitteilung

17 vgl. Ingo Diedrich, *Orgonomischer Funktionalismus. Eine Wissenschaft im Einklang mit der Natur? Darstellung und Diskussion zentraler Begriffe bei Wilhelm Reich*, (Diplomarbeit) 1992

18 Reichs Blutuntersuchungen sind erläutert in: Wilhelm Reich, *Der Krebs. Die Entdeckung des Orgons II*, Köln: Kiepenheuer & Witsch 1969, S. 185 ff., 228 ff., 245 ff., wo sie insbesondere in ihrer Bedeutung für die Krebsdiagnostik diskutiert werden. – Eine detaillierte Anleitung zur Durchführung der Bluttests findet sich in der Niederschrift eines von Reich abgehaltenen Kursus zur orgonomischen Krebsdiagnostik: Reich, MacDonald, Rafael, »Orgonomic Diagnosis if Cancer Biopathy«, in: OEB, 3, 1951, S. 66-125; eine Darstellung aus dem Kreis jener, die Anfang der achtziger Jahre die Reichschen Bionexperimente und Bluttests nachvollzogen haben, geben: Heiko Lassek, Michael Gierlinger, »Blutdiagnostik und Bion-Forschung nach Wilhelm Reich. Teil 1«, in: *emotion* 6, 1984, S. 101-141. Dort werden auch die Arbeiten anderer Biologen und Ärzte referiert, die unabhängig von Reich ähnliche Beobachtungen gemacht haben.

19 Daß bestimmte Chemikalien das Wachstum von Krebs hemmen, wurde während des Zweiten Weltkriegs im Rahmen von Rüstungsforschungen zur Giftgasproduktion zufällig entdeckt; aus Geheimhaltungsgründen wurde darüber erst nach dem Krieg publiziert. Als Reich den ersten Bericht über das Oranur-Experiment (1951) schrieb, dürfte es allenfalls erst einige wenige Veröffentlichungen zum Einsatz dieser Substanzen in der Leukämiebehandlung gegeben haben.

20 zu Reichs Auffassung zur Leukämie vgl. *Der Krebs. Die Entdeckung des Orgons II*, Köln: Kiepenheuer & Witsch 1969, S. 246 f., S. 367 ff. (Fallbeschreibung), sowie »The Leukemia Problem. Approach«, in: OEB 3, 1951, S. 76-80

21 Dieser Versuch ist dokumentiert in: Wilhelm Reich, *Der Krebs. Die Entdeckung des Orgons II*, Köln: Kiepenheuer & Witsch 1969, S. 80-93

22 vgl. Christian Rudolph, *Über Wilhelm Reichs Kosmische Überlagerung*, Frankfurt: Zweitausendeins 1997

23 Monika Palm und Dirk Döring, »Neue Untersuchungen zu den Seesand-Bionen von Wilhelm Reich, in: *emotion* 9, 1989, S. 111-127

24 Catherine Caufield, *Das strahlende Zeitalter. Von der Entdeckung der Röntgenstrahlen bis Tschernobyl*, München: C.H. Becksche Verlagsbuchhandlung 1994, S. 62-64

25 Wilhelm Reich, *Die Funktion des Orgasmus. Die Entdeckung des Orgons I*, Köln: Kiepenheuer & Witsch 1969, S. 290 f.

26 Wilhelm Reich, *The Einstein Affair*, Orgonon, Rangeley, Maine: Orgone Institute Press 1953

27 vgl. Wilhelm Reich, *Der Krebs. Die Entdeckung des Orgons II*, Köln: Kiepenheuer & Witsch 1969, S. 139

28 Wilhelm Reich, *The Orgone Energy Accumulator. Its Scientific and Medical Use*, Orgone Institute Press, Rangeley 1951, S. 29

29 James DeMeo, *Der Orgonakkumulator. Ein Handbuch. Bau, Anwendung, Experimente, Schutz gegen toxische Energie*, Frankfurt: Zweitausendeins 1994, S. 41 f.

30 Thelma Moss, *The Body Electric*, Los Angeles: J. P. Tarcher 1979

31 vgl. das in den zwanziger Jahren erschienene Standardlehrbuch: J. M. Pernter / F. M. Exner, *Meteorologische Optik*, Wien-Leipzig: Wilhelm Braunmüller Verlag 1922

32 Wilhelm Reich, *Die kosmische Überlagerung*, Frankfurt: Zweitausendeins 1997

33 Wilhelm Reich, »The Storm of November 25th and 25th, 1950«, in: OEB 3: 1951, S. 72-75

34 Wilhelm Reich, *The Orgone Energy Accumulator. Its Scientific and Medical Use*, Orgone Institute Press, Rangeley 1951, S. 29

35 vgl. Manfred Fuckert, »Messungen der atmosphärischen Orgonenergie« in: *emotion* 7, 1985, S. 139-158

36 vgl. R. Maushart, *Man nehme einen Geigerzähler*, Darmstadt: GIT-Verlag 1985, und H. Richter, *Atomstrahlen Geigerzähler: Wesen und Anwendung radioaktiver Strahlen. Messen mit Industrie- und Selbstbaugeräten*, Stuttgart: Franckhsche Verlagshandlung 1957

37 vgl. Ralph Graeub, *Der Pettkau-Effekt. Katastrophale Folgen niedriger Radioaktivität. Tatsachen und Befürchtungen*, Bern: Zytgloge 1990

38 siehe Grafik mit Paschen-Kurven in: Josef Eichmeier, *Moderne Vakuumelektronik, Grundlagen, Bauelemente, Technologie*, Springer-Verlag 1981

39 Internationale Zeitschrift für Orgonomie, Jg. 1, Heft 1, April 1950

40 J. M. Pernter und F. M. Exner, *Meteorologische Optik*, Wien-Leipzig: Wilhelm Braunmüller Verlag 1922

41 Wilhelm Reich, *Das Oranur-Experiment. Zweiter Bericht (Contact with Space / OROP Desert Ea)*, Frankfurt: Zweitausendeins 1997

42 Engelbert Wengel, »Versuche zum orgonomischen Pendelgesetz«, in: *Wilhelm-Reich-Blätter* (WRB) 1, 1995, S. 28-30, sowie Kommentar in WRB 2, 1976, S. 41

43 Wilhelm Reich, *Das Oranur-Experiment. Zweiter Bericht (Contact with Space / OROP Desert Ea)*, Frankfurt: Zweitausendeins 1997

44 Wilhelm Reich, *The Orgone Energy Accumulator. Its Scientific and Medical Use*, Orgone Institute Press, Rangeley 1951, S. 42

45 siehe Reichs Ausführungen zur Leukämie, vgl. *Der Krebs. Die Entdekkung des Orgons II,* Köln: Kiepenheuer & Witsch 1969, S. 246 f., 367 ff.

46 Wilhelm Reich, *The Orgone Energy Accumulator. Its Scientific and Medical Use*, Orgone Institute Press, Rangeley 1951, S. 34 ff.

47 Wilhelm Reich, »The Medical DOR Buster«, in: *CORE*, Heft 7, 1955, S. 97-113

48 Die wissenschaftsgeschichtlichen Ausführungen stützen sich großenteils auf die instruktive und gut lesbare Darstellung von C. Caufield, *Das strahlende Zeitalter. Von der Entdeckung der Röntgenstrahlen bis Tschernobyl,* München 1994, bes. S. 62-183; dort wird auch weitere Literatur aufgeführt.

49 vgl. Wilhelm Reich, *Der Krebs*, S. 175

50 vgl. James DeMeo, *Der Orgonakkumulator. Bau, Anwendung, Experimente*, übers. von Xenia Osthelder, Frankfurt, Zweitausendeins 1994, bes. S. 71-87

51 Catherine Caufield, *Das strahlende Zeitalter. Von der Entdeckung der Röntgenstrahlen bis Tschernobyl,* München: C.H. Becksche Verlagsbuchhandlung 1994, S. 145, 170 f.

52 R. Rosenthal, *Experimenter Effects in Behavioral Science,* Irvington: New York 1976

53 Burkhard Heim, *Der Elementarprozeß des Lebens*, Innsbruck: Resch Verlag 1982, sowie ders., *Postmortale Zustände?*, Innsbruck: Resch Verlag 1980
54 Karel Capek, *Das Absolutum oder Die Gottesfabrik. Utopischer Roman*, Frankfurt: Suhrkamp 1989

Personen- und Sachregister
zu »Das Oranur-Experiment. Erster Bericht« von Wilhelm Reich

Über die Autoren

Bernhard Harrer führte während seines Meteorologiestudiums in Berlin ein Projekt über Forschungen zum Begriff der Lebensenergie durch, in dem an der Abteilung für Naturheilkunde, Universitätsklinikum Benjamin Franklin, fast alle biologischen und physikalischen Experimente von Wilhelm Reich mit moderner Meßtechnik nachvollzogen wurden.

Seit 1994 leitet B. H. das Projekt »Patienteninformation für Naturheilkunde«, Berlin, und beschäftigt sich mit der Wissensvermittlung und Datenbankvernetzung für Ganzheitliche Medizin und die Grenzgebiete der Wissenschaft. Er ist Initiator des Datadiwan-Netzwerkes im Internet.

Christian Rudolph, geboren 1954 in Hamburg, Medizinstudium 1978-1984 an der Freien Universität Berlin, arbeitet als Arzt für Innere Medizin, Blut- und Krebserkrankungen in einer entsprechenden Abteilung eines Krankenhauses.

C.R. hat für die bei Zweitausendeins erscheinenden »Späten Schriften« Wilhelm Reichs die beiden Bände über das Oranur-Experiment übersetzt.

Dieses Buch wurde gedruckt auf Recyclingpapier.
Es besteht aus 100% bedrucktem Altpapier.

Der Karton des Einbandes ist
zu 75% recycled.